© 2021 William Navarrete

Segunda edición: Unos&OtrosEdiciones, 2021

Primera edición: L'Harmattan, París, 2004 (en francés)

ISBN- 978-1-950424-42-9

Título: Cuba, Patria y Música

Autor: William Navarrete

Edición: Armando Nuviola

UNOSOTROS
EDICIONES

www.unosotrosediciones.com

Una publicación de UnosOtrosEdiciones

Hecho en Estados Unidos de América, 2021

CUBA, PATRIA Y MÚSICA

UNOSOTROS
MÚSICA

William Navarrete

PREÁMBULO

Cuando en la primavera del 2000 publiqué mi primer libro escrito en francés, *La chanson cubaine: 1902-1959 (textes et contexte)* [La canción cubana: 1902-1959 (textos y contextos)] los lectores franceses me preguntaban insistentemente por qué me había detenido en 1959 y si no pensaba escribir la continuación de aquel ensayo. Les respondía que la elección de 1959 como año en que detuve mi estudio se debía fundamentalmente a que el triunfo revolucionario de ese entonces implicó un cambio radical en la evolución de la música y de la creación artística dentro de la isla. Primero, porque La Habana dejó de ser la «capital musical del continente americano»; y luego, porque muchos artistas habían abandonado la isla, como en avalancha, algunos por razones políticas, aunque también porque los espacios en los que habían desarrollado sus carreras se reducían como piel de onagro. Sin contar que, poco a poco, la censura empezó a hacer de las suyas, y que ya no se podía cantar cualquier cosa sin consideraciones de tipo político.

Todo aquello hizo que, tres años después, escribiera (también en francés) lo que para mí era la continuidad del primer libro. Preparé y documenté entonces *Cuba, la musique en exil* [Cuba y la música del exilio], que pretendía continuar el relato de la música compuesta e interpretada fuera de la isla a partir de 1959, en el que terminé incluyendo el siglo XIX y otros momentos de la mal llevada República (1902-1959) en que también los artistas del ámbito musical se vieron obligados a abandonar el país para poder ejercer su arte.

A pesar de que el libro nunca salió en español, entre otras razones, porque no tenía tiempo entonces para establecer su versión en mi lengua materna, sí pude presentarlo ante el público hispanohablante. Ofrecí varias conferencias en el Conservatorio Manuel de Falla (Cádiz), en el Centro de Estudio Cubanos y Cubanoamericanos (Casa Bacardí) de la Universidad de Miami, la Fundación Hispano-Cubana (Madrid) o durante el Congreso de Cultura Cubana, organizado por la Unión

Liberal Cubana, también en Madrid, junto a Tony Évora, el cantante Flores Chaviano y el tresero Guillermo Pompa Montero. A pesar del tiempo transcurrido, nunca abandoné en mis diferentes charlas el tema de la creación musical cubana fuera del país y recuerdo, particularmente, una que ofrecí hace apenas tres años, junto a la cantante Haydée Milanés, durante el festival HAY de Cartagena de Indias, en la sala-teatro del UNIBAC de aquella ciudad.

Cuando publiqué el estudio en francés me sentí con el deber de agradecer a quienes habían intervenido desinteresadamente abriéndome las puertas del mágico universo de nuestra música en las cuatro latitudes del mundo. Primero a Elida Hernández, mi madre, porque su casa en Miami fue el punto de partida para mis exploraciones musicales a través de la ciudad, así como a mis amigas Ivelín Giró y Olga Connor, que me hacían descubrir sitios en donde podía codearme con cantantes e intérpretes del exilio. También a Yolanda del Castillo (quien incluso compuso una habanera a partir de un soneto que dediqué a José White), a su esposo Armando Cobelo, al musicólogo Francisco Ojeda (apasionado de nuestra música fallecido prematuramente y verdadero caudal de información, de quien recuerdo una extraordinaria serie de conferencias sobre géneros musicales cubanos que ofreció entre junio y julio de 2001 en el Centro Cultural Español de Coral Gables y en las que pude participar), al coleccionista y emprendedor Eloy Cepero (gran conocedor de estos temas, quien ha animado en Miami el programa *Grandes leyendas musicales* tanto en televisión y radio como en salas de conferencias), a Rosendo Rosell (amigo y vecino de mi madre en Normandy Isles, Miami Beach, con sus archivos siempre al alcance de los amigos), a José Carbó Menéndez (desde Nueva Jersey) y Cristóbal Díaz Ayala (desde Puerto Rico), aportando siempre datos y precisiones, al pintor Ramón Alejandro (apegado a nuestros ritmos), al escritor Juan Cueto (siempre dispuesto a releer con ojo avizor), así como a amigos de mi entorno parisino especialistas en el tema como el español Laudelino Menéndez o la francesa Isabelle Leymarie.

Más de década y media después surge la oportunidad de publicar *Cuba, Patria y Música* en nuestra lengua. Por supuesto ya no puede ser ni es, de hecho, el mismo libro, porque entre tanto ha sido necesario ampliarlo, corregirlo y actualizarlo para que forme parte del bien nutrido catálogo de la editorial Unos y Otros que dirige con mucha pertinencia Armando Nuviola y en el que pueden leerse ya excelentes biografías y ensayos sobre este y otros temas.

El momento, además, no puede ser mejor, entre otras razones, porque la música ha sido siempre un puente entre los pueblos, pero también una forma de expresión identitaria que, en no pocas ocasiones, se convierte en clamor del sentir de muchos. No solo el exilio cubano ha seguido acogiendo a decenas de intérpretes y compositores, sino que desde el exilio mismo se han compuesto temas que se han convertido prácticamente en himnos contestarios dentro y fuera del país. Al célebre *Ya viene llegando*, de Willy Chirino o *Mi tierra* de Gloria Estefan, se ha añadido en estos últimos meses del 2021 el *Patria y vida*, de Gente de Zona, Yotuel Romero, Descemer Bueno y los raperos Maykel Osorbo y El Funky, cuyo clip fue filmado entre La Habana y Miami. El fenómeno, fuera de todo enfoque pasional, resulta muy interesante, pues permite constatar que la música toca y llega ahí donde la literatura, los panfletos, las arengas de políticos y otras manifestaciones no calan ni estremecen. Ha sido *Patria y vida* la música que ha acompañado las recientes (e inéditas) protestas en la isla contra el régimen cubano y, antes de estas, había calado ya muy profundo en la juventud, al punto de que la frase se convirtió en blanco de la censura que el gobierno consideró como «canto provocador». Los premios Grammy latinos, en cambio, le concedieron la categoría de Mejor canción del 2021.

Viajemos entonces a esta Cuba que, como la literatura, se ha ido constituyendo desde el siglo XIX fuera del archipiélago cubano. Hurguemos en la labor de todos aquellos que han sido y son capaces de mantener las ricas tradiciones musicales en lugares insospechados, luchando contra vientos y mareas, repartiendo pedacitos de la isla por todas partes, y quien dice pedacitos, dice también ritmo, y sensualidad, penas y alegrías, talento y, sobre todo, mucha cubanía.

William Navarrete, París, verano de 2021.

ÍNDICE

INTRODUCCIÓN

En Cuba distinguimos claramente dos ámbitos musicales bien delimitados. Uno, el de la música llamada «clásica» incluye lo que se tocaba en las capillas y los coros de las iglesias de la Isla, además de un vasto repertorio de sinfonías, óperas, operetas y otras obras que solían interpretarse en los teatros y las salas de concierto ante un público más nutrido de lo que se suele creer. El otro, el muy contagioso ámbito de la música que llamamos «popular», mucho más conocido en el mundo entero. Popular porque estaba al alcance de cualquiera, porque de una forma u otra todos participaban en él sin pertenecer a una élite determinada, pero también porque había surgido durante un largo proceso de fusión de culturas que llegaron a la isla desde Europa, África y Asia para mezclarse definitivamente.

Cuba ha padecido, como muchas tierras, los embates de la Historia. Colonia española durante más de cuatro siglos (1492-1898), ocupada brevemente por los ingleses (durante once meses entre 1762 y 1763) y más tiempo por los Estados Unidos (entre 1899-1902 y 1906-1909), vivió apenas cinco décadas de una República, que resultó muy inestable desde el punto de vista político, pero de una prosperidad económica tan grande que el país se convirtió durante medio siglo en una tierra de inmigrantes. Y como si todo esto no bastara, la isla ha sido gobernada desde hace más sesenta años por los mismos que habían prometido restablecer la democracia en 1959.

No ha de extrañarnos entonces que, al hacer un balance de la creación artística cubana, observemos que, en gran medida, esta ha surgido fuera del país, entre los que tuvieron que marchar rumbo al exilio. Una cantidad desproporcionadamente significativa de músicos, escritores, pintores, bailarines o historiadores cubanos han tenido que realizar su obra en otras latitudes, y tal vez involuntariamente se han convertido por ello en los mejores embajadores de nuestra cultura en todo el planeta.

En este libro, escogí el ámbito musical y, de preferencia, el de la música popular, porque quise reunir la mayor cantidad de ejemplos posibles del quehacer y la creatividad de los compositores e intérpretes cubanos fuera del país. Al final, descubriremos con asombro que, dada su importancia cuantitativa y cualitativa, hubiera bastado el exilio cubano desde el siglo XIX hasta nuestros días para crear un universo musical de una riqueza e identidad considerables.

Tomando en cuenta una cronología no exhaustiva de la historia económica, política y social cubana, quiero rendir homenaje a todos aquellos compatriotas que fueron y son capaces de conservar vivas, aun en condiciones precarias, nuestras tradiciones musicales más allá de los límites territoriales del país.

EL EXILIO CUBANO EN EL SIGLO XIX

Los primeros exiliados

A fines del siglo XIX, Cuba representaba –junto a Filipinas, Puerto Rico y las Islas Marianas, Palaos y Guam, en el océano Pacífico– el último vestigio de un imperio español del que se decía que el sol nunca se ponía en sus vastos dominios. Los numerosos intentos de liberar a la Isla habían sido fallidos. Las primeras conspiraciones contra el yugo colonial –Conspiración de Aponte (1812), Conspiración de los Rayos y Soles de Bolívar (1821), Conspiración del Águila Negra (1828), Conspiración de la Cadena Triangular (1837) y Conspiración de La Escalera (1840-1844)– databan del periodo en que la mayoría de las colonias hispanoamericanas habían logrado obtener su independencia.

Muchos opositores al régimen español, implicados en estas conspiraciones, además de otros inocentes sobre quienes recayó la sospecha de estar vinculados con estas, fueron desterrados, e incluso fusilados, cada vez que las autoridades descubrían un foco de rebelión. Por citar solo un ejemplo, basta recordar que tras el desmantelamiento de la Conspiración de Aponte fueron fusiladas ocho personas, entre los que figuraba su precursor, José Antonio Aponte, y desterrados hacia La Florida otros cuarenta y dos. En la de los Rayos y Soles de Bolívar, de raigambre masónica y organizada por José Francisco Lemus, intervino indirectamente el poeta José María Heredia Campuzano (1803-1839), condenado al exilio en 1823. Heredia se convirtió entonces, al igual que el padre Félix Varela (1788-1853), en uno de los primeros deportados cubanos de renombre. Juntos, el poeta y el sacerdote, aglutinaron al primer núcleo de exiliados cubanos en Estados Unidos, país en donde Varela fundó en 1824 el periódico *El Habanero*, considerado como el primero del exilio y vigente hasta 1826. Como dato curioso, el 15 de septiembre de 1997, el Correos de Estados Unidos emitió un sello de 32 centavos con la efigie de Varela, en reconocimiento a su labor entre la comunidad de emigrantes irlandeses de Nueva York, a quienes socorría como párroco en su diócesis de Five Points (Manhattan), sitio en el que inauguró algunas escuelas para jóvenes inmigrantes. En cuanto a Heredia, tras la última visión de las costas cubanas, en lo que se alejaba a bordo del barco que lo conducía otras tierras, escribió su poema más conocido, *El himno del desterrado*, en una de cuyas estrofas confesaba:

> *[...] Aunque ausente y proscrito me miro,*
> *y me oprime el destino severo,*
> *por el cetro del déspota ibero*
> *no quisiera mi suerte trocar [...]*

El poema se convirtió en canto de gesta para toda la generación de jóvenes cubanos que deseaban la emancipación del país, pero Heredia, sabiéndose enfermo y vencido por la desilusión, terminó por escribir tiempo después una carta a Miguel Tacón Rosique, capitán general de Cuba, diciendo se retractaba de las ideas que lo habían condenado al exilio y que pedía licencia para volver a la isla.

En España, tras la muerte de Fernando VII, a pesar de los derechos dinásticos de su hermano Carlos, es María Cristina de Borbón quien asume la regencia, a la espera de que Isabel, hija del primero, cumpla la edad requerida para reinar. Los partidarios de Carlos emprenden entre 1833 y 1839 lo que se conoce como la primera guerra de sucesión carlista, un conflicto que generó gran inestabilidad política en toda la península. En el umbral de estos acontecimientos, José Antonio Saco (1797-1897), otro brillante intelectual cubano, fundó la Academia de Literatura Cubana y la publicación *Revista Bimestre Cubana* (1831-1834), elogiada por su calidad literaria, incluso por la *Revue des Deux Mondes*, de París. Tanto la institución como la publicación despertaron el recelo de las autoridades coloniales y de los conservadores criollos. Saco era el heredero de una aristocracia criolla culta que desde finales del siglo XVIII se congregaba en la Sociedad Económica de Amigos del País, creada en 1793 con el objetivo fundamental de impulsar el desarrollo económico y social de la isla mediante el pensamiento ilustrado. Muy activo en la vida cultural habanera, Saco había colaborado con el padre Félix Varela durante una estancia en Estados Unidos, en 1824. Dos años más tarde, lo encontraremos ocupando el centro de una querella literaria en favor de las calidades indiscutibles de los versos de José María Heredia, criticados por Ramón de la Sagra, un periodista español a la paga del conde de Villanueva, intendente de la ciudad. Lo que se disimulaba bajo la apariencia de una simple disputa intelectual, era en realidad la situación política cubana. La labor de Saco durante su primer exilio fue muy intensa. En Nueva York publica dos de sus memorias: *Caminos* (un ensayo puramente técnico de 1829) y, en 1831, *Causas de la vagancia en Cuba* (extraordinario análisis de la sociedad de su país en esa época). Luego regresa por poco tiempo a Cuba y, en 1832, parte definitivamente desterrado, esta vez por el inefable Miguel Tacón, capitán general de la isla de Cuba entre 1834 y 1838.

Tacón gobernará con mano de hierro. En España, la Regenta vacila en aplicar la Constitución liberal de 1812, anulada durante el reino absolutista de Fernando VII y cuyos ecos repercutieron inmediatamente en la colonia caribeña, al punto de que, en Santiago de Cuba, por iniciativa de Manuel Lorenzo, se desmontó en 1836 la estatua ecuestre del Rey de su pedestal en la plaza de Armas. Tacón no podía permitir aquella insubordinación en la segunda ciudad. La represión no se hizo esperar: se juzgó y desterró a unos trecientos implicados en el hecho, una manera de cerrar definitivamente la brecha a las pretensiones de los liberales reformistas.

Años más tarde, cuando fue descubierta la Conspiración de La Escalera, se juzgó a unos cuatro mil individuos con el pretexto de que fomentaban una rebelión de esclavos que los ingleses preparaban silenciosamente. El poeta Gabriel de la Concepción Valdés «Plácido» (1809-1844), acusado de ultraje al poder español por haber escrito su poema *El juramento*, será fusilado. Cintio Vitier, poeta y crítico literario, puso en tela de juicio la autenticidad de este poema que considera muy distinto de todo lo que solía escribir Plácido, y consideró más creíble la amenaza que el poeta hiciera al procurador general de justicia de aparecérsele de noche en forma de lechuza después de ser fusilado. También detuvieron entonces a Claudio Brindis de Salas, padre del célebre violinista de su mismo nombre, músico de una banda de negros y mulatos libres, a quien le confiscaron todos sus bienes. El destino de los cubanos dependía del capitán general que gobernaba la isla según el principio de facultades omnímodas, o sea, de manera absoluta, una forma de gobierno instaurada en 1825, desde el mandato de Francisco Dionisio Vives.

En el momento en que, entre los ricos criollos insulares, comienza a cobrar auge el naciente sentimiento independentista, surge también otra corriente más pragmática: el anexionismo. El historiador Leví Marrero sitúa en 1822 el primer proyecto de anexión que, como petición, dirige un tal Sánchez, habitante de La Habana, a John Quincy Adams, secretario de Estado norteamericano. Estados Unidos, que consideraba que Cuba se hallaba en su zona de influencia geográfica, había tratado de comprar la isla, sin lograr al respecto ningún acuerdo concreto con España. Por otra parte, la esperanza de liberar a la colonia parecía desvanecerse tras el fracaso de las diferentes conspiraciones. Tampoco parecía factible una intervención militar, algo que el propio Simón Bolívar había rechazado, ni se lograría que España accediera a introducir reformas liberales que pusieran fin a su estricto monopolio. En un documento publicado por Saco en la capital española en 1834, titulado *Paralelo entre la isla de Cuba y algunas colonias inglesas*, quedaban claramente expuestas las razones de las diferencias entre Londres y Madrid en la manera de administrar sus colonias y territorios de ultramar. En este contexto, solo una anexión a Estados Unidos, tal y como había sucedido ya con la incorporación en 1845 del departamento mexicano de Texas, parecía ser la solución posible. Es por ello que la corriente anexionista gana rápidamente terreno entre los criollos más influyentes.

En este contexto, no es difícil comprender por qué en el seno de la élite criolla surge entonces el Club de La Habana (1848), fundado por el abogado Manuel Rodríguez Mena, el ingeniero Domingo Goicuría Cabrera y el venezolano José Antonio Echevarría, al que se incorporan luego Miguel Aldama Alfonso (marqués de Santa Rosa del Río) y José Luis Alfonso, dos de los terratenientes más ricos de Cuba, así como Francisco de Frías y Jacott (conde de Pozos Dulces), el novelista Cirilo Villaverde (autor de la célebre novela *Cecilia Valdés*), el norteamericano John S. Thrasher (director del periódico *El Faro Industrial*), entre otras personalidades presentes en La Habana. Incluso colabora con el Club desde su exilio en París, Domingo del Monte Aponte, considerado como el mayor mecenas del mundo artístico habanero en ese entonces e implicado en la Conspiración de La Escalera, así como José Aniceto Iznaga Borrell y Gaspar Betancourt Cisneros «El Lugareño», ambos exiliados en Estados Unidos.

Nos hallamos entre dos tendencias antagónicas: una que desea la verdadera y definitiva independencia de Cuba y otra que solo ve en esta un peldaño necesario en aras de la futura anexión a Estados Unidos. Entonces surge una nueva conspiración, que busca esta vez el apoyo directo de Washington para una eventual intervención militar. Se trata de la Conspiración de la Mina de la Rosa Cubana (1846-1848), encabezada por el venezolano Narciso López (1793-1853), cuñado del conde de Pozos Dulces después de su casamiento con su hermana Dolores de Frías y Jacott. Una conspiración que toma el nombre de las minas que poseían estos aristócratas habaneros en la provincia central de Villaclara.

Una vez descubiertas las intenciones de Narciso López –las propias autoridades norteamericanas fueron quienes alertaron al gobierno colonial de su existencia– se procedió al arresto y condena a muerte de su principal cabecilla, quien logra escapar y viajar a Nueva York, en donde se incorporará a la célula de exiliados independistas en torno a la personalidad de Gaspar Betancourt Cisneros (1803-1866). Es allí en donde radica desde 1849 la colonia más nutrida de exiliados en favor de la independencia, y forman parte de ella el propio Cirilo Villaverde, Gaspar Agramonte, Carlos Arteaga, Juan Andrés Iznaga Fernández de Lara, Pedro Iznaga Hernández, Miguel Teurbe-Tolón, el sacerdote Joaquín Valdés, Alonso Valdés, hasta sumar unas cuarenta personalidades. Dicho grupo publicaba su propio periódico: *La Verdad* (1848-1853), introducido clandestinamente en Cuba e impreso con los mismos rodillos de los que salía el *New York Sun*.

El exilio como antesala de la lucha libertaria

A mediados del siglo XIX podemos distinguir dos corrientes divergentes de pensamiento en cuanto al destino deseado para la isla. Por un lado, están los ya mencionados anexionistas, que operaban fundamentalmente desde Nueva York; por otro, los reformistas que reivindican las reformas liberales como única salida al conflicto del monopolio ejercido por España en el comercio cubano. Esta última corriente estaba liderada por José Antonio Saco, exiliado ya en París, y quien, gracias a la ayuda financiera de Domingo del Monte, pudo publicar *Ideas sobre la incorporación de Cuba en los Estados Unidos*, un folleto en que refutaba la tesis del grupo de Nueva York, alegando que una eventual anexión al poderoso vecino del Norte implicaba para Cuba la pérdida de su identidad.

Intrépido y con muy pocas ganas de seguir esperando, Narciso López prepara entonces desde Nueva Orleans la primera invasión independentista de la historia cubana. Para llevarla a cabo reclutó entre los veteranos de la guerra de México a soldados norteamericanos dispuestos a involucrarse en un conflicto armado contra España a cambio de una paga. El 19 de mayo de 1850, a bordo del navío *Criollo* y junto a seiscientos ocho hombres, López desembarcó en el pueblo de Cárdenas, cerca de Matanzas. Más que una contienda exitosa, la acción tuvo un carácter muy simbólico. La bandera tricolor cubana con su estrella solitaria representando el sueño anexionista (y que paradójicamente fue adoptada por la Constitución de la República de 1902 como enseña nacional) ondeó entonces por primera vez en el suelo cubano. No obstante, los cardenenses no se mostraron particularmente entusiasmados con el proyecto invasor, sino que se mantuvieron como espectadores pasivos de la acción. Las autoridades españolas, advertidas de los planes fraguados por López, pudieron cortar a tiempo las líneas de comunicación ferroviaria entre Cárdenas y Matanzas. Los expedicionarios no tuvieron otra alternativa que retirarse y volver a Estados Unidos a la espera de mejor oportunidad.

De este periodo data también el primer alzamiento en la isla. Lo dirigió Joaquín de Agüero y Agüero, rico criollo perteneciente a una de las familias fundadoras de la colonia establecidas en la ciudad de Puerto Príncipe (actual Camagüey) y estalló el 4 de agosto de 1851, en Loma de San Carlos, partido de Cascorro. Agüero, quien había dado ya la libertad en 1843 a sus ocho esclavos y fundado la Sociedad Libertadora de Puerto Príncipe en 1850, puso sobre aviso, por este gesto poco corriente a la época, a las autoridades españolas que comenzaron a vigilar sus movimientos. Gonzalo Roig, destacado músico cubano, atribuye a Agüero la letra del primer *Himno patriótico* (1851), del que solo tenemos referencias literarias. En cuanto al alzamiento, fue inmediatamente reprimido y sofocado, aunque Agüero pudo escapar junto a cuarenta y tres de sus hombres y proclamar la independencia simbólica de Cuba en la hacienda de San Francisco de Jucaral. Se dice que su esposa y prima hermana, Ana Josefa Agüero Perdomo, deseando que la bandera cubana fuese bendecida por un sacerdote de la villa, cometió la indiscreción de revelar las intenciones de los insurgentes y el sitio en que se escondían. El cura, violando el secreto de confesión, informó a las autoridades españolas que pudieron, de este modo, arrestar a Agüero y condenarlo a muerte junto a José Tomás Betancourt Zayas, Fernando de Zayas Cisneros y Miguel Benavides Pardo, así como deportar a otros insurrectos, entre los que se encontraban Salvador Cisneros Betancourt (marqués de Santa Lucía), Fernando Betancourt, José Ramón Betancourt, Francisco de Quesada, Manuel de Jesús Arango y Serapio Recio.

Era una época convulsa. Un segundo intento de desembarco por parte de Narciso López, esta vez en la playa del Morrillo, Bahía Honda, al oeste de La Habana, tuvo lugar el 3 de agosto de 1851 a bordo del barco *El Pampero*. Inferiores en número de hombres y armas, los expedicionarios, tras una primera victoria en el poblado de Las Pozas, tuvieron que replegarse hacia la sierra del Rosario, en donde fueron dispersados y capturados. A López se le condenó a morir mediante garrote vil en la explanada del castillo habanero de La Punta, una condena reservada exclusivamente a personas vulgares. Y numerosos expedicionarios que trataron de alcanzar las costas meridionales de Estados Unidos también fueron capturados y conducidos a la capital cubana en donde fueron fusilados.

La noticia de este trágico desenlace corrió como pólvora en Nueva Orleans, ciudad en que la población destruyó el consulado español para vengar a sus compatriotas.

Otras conspiraciones abortadas caracterizan a este periodo que antecede a la primera guerra de independencia o Guerra de los Diez Años (1868-1878). Entre tanto, el exilio seguía recibiendo a hombres y mujeres dispuestos a sacrificarlo todo en aras de la independencia. Una de las más importantes, por su magnitud y composición heterogénea, conocida como Conspiración de Vueltabajo (1851-1852), incluyó a artesanos, obreros, abogados y nobles, e incluso a mujeres. Los conspiradores se mantenían informados a través del periódico clandestino *La Voz del Pueblo*, publicado por el tipógrafo de la localidad habanera de Regla, Eduardo Facciolo, quien, una vez descubierto, fue delatado, procesado y engarrotado, convirtiéndose así en el primer mártir del periodismo cubano. Algunos conjurados como Juan Bellido de Luna, Porfirio Valente, Francisco Estrampes Gómez y el mencionado conde de Pozos Dulces, logran exiliarse antes de ser juzgados.

20   Lejos de la isla, en Nueva York, los anexionistas fundan en 1852, en el Apolo Hall de la avenida Broadway, la Junta Cubana. La lideran Gaspar Betancourt Cisneros, Manuel de Jesús Arango, Porfirio Valente, José Elías Hernández y Domingo Goicuría Cabrera. Su enlace en la capital cubana era el periodista catalán Ramón Pintó Llinás (1803-1855), fundador del Liceo de La Habana y director del periódico *Diario de la Marina*, fusilado más tarde durante el segundo mandato del capitán general José Gutiérrez de la Concha.

Pero a pesar de las promesas realizadas por el gobierno de Estados Unidos, la Junta nunca logró obtener un compromiso de anexión por parte de Washington. En 1855, el anexionismo naufragaba, dejando el camino libre a los ideales reformistas de José Antonio Saco, Domingo del Monte y otros exiliados cubanos desde París.

Un movimiento literario muy contestatario

Es innegable el importante papel desempeñado en la independencia de la isla por los poetas cubanos. Hallamos sus voces tanto en las canciones patrióticas entonadas por los exiliados como en la propia literatura. Cuando la guerra contra España parecía inevitable, la poesía, hasta entonces desvinculada de todo tipo de compromiso político, se convierte en una herramienta indispensable para demostrar los sentimientos hostiles de los criollos contra el poder.

Las autoridades coloniales censuraban toda forma de expresión que contuviera mensajes políticos, y los poetas, en respuesta, buscaban entonces la inspiración en los temas precolombinos. Este movimiento llamado «siboneyismo» (por el nombre de la etnia aborigen siboney que vivía en parte de la isla en el momento de la llegada de Cristóbal Colón), encontró en los pesares de los indios diezmados por los colonizadores y en las costumbres de este pueblo prácticamente extinguido, el pretexto ideal para disimular las ideas virulentas en contra de la metrópoli. Uno de los poetas más significativos del movimiento fue José Fornaris Luque (1827-1890), originario de la villa oriental de Bayamo, esencialmente poblada por los descendientes de los primeros conquistadores, y por esa razón, foco por excelencia de antagonismo al régimen. Además de un pasado de mucho arraigo en la formación de la nacionalidad, Bayamo había sido uno de los centros de contrabando más prósperos de Cuba, en donde los comerciantes se burlaban de las prohibiciones impuestas por el monopolio. Los bayameses nunca dejaron de comerciar con los filibusteros y bucaneros europeos durante todos los siglos XVI y XVII, en detrimento de los intereses de España. No ha de sorprendernos entonces que la Guerra de los Diez Años comenzase años más tarde en el territorio de esta villa, ni que los bayameses prefirieran incendiar sus casas, un 12 de enero de 1869, antes de entregar la ciudad al ejército español, hecho histórico del que aún se muestran orgullosos. Finalmente, Bayamo también fue el marco en que se desarrolló la acción de la pretendida primera obra literaria cubana, es decir, del largo poema épico *Espejo de paciencia*, escrito por el canario Silvestre de Balboa (1563-1649), en 1608. En él se cuenta la hazaña del negro esclavo Salvador Golomón que vence en justa lid al corsario francés Gilberto Girón, quien había secuestrado al obispo Juan de las Cabezas y Altamirano, por cuyo rescate pedía una suma desorbitante.

En 1855, Fornaris publica su poemario *Cantos del siboney*. A pesar de la poca tradición literaria del país, el libro tiene mucho éxito y se realizan cinco tiradas, una cifra elocuente para la época y que llama la atención del capitán general José Gutiérrez de la Concha, quien no tardó en escribirle al autor para comunicarle que si quería seguir escribiendo sobre los siboneyes lo mejor sería que lo hiciese desde Estados Unidos: «Nosotros somos españoles, no indios. ¿Me ha entendido? ¡Españoles!», le comunicó. Fornaris es también autor de *La bayamesa*, una de las canciones más conocidas del repertorio cubano, que escribió en 1848 junto al patriota Carlos Manuel de Céspedes del Castillo y el compositor Francisco Castillo Moreno.

Un año más tarde, en 1856, otro poeta del siboneyismo, Juan Cristóbal Nápoles Fajardo (1829- ¿1862?), conocido como «El Cucalambé», escribe *Rumores del Hórmigo*, inspirado en el río de Las Tunas, su villa natal. Bardo también del pasado precolombino, incluyó en su poemario los poemas *Hatuey y Guarina* –el primero, un cacique rebelde de Guhabá, condenado a la hoguera y quemado vivo en el pueblo de Yara, no lejos de Bayamo, al principio de la conquista de la isla–; *El cacique de Maniabón* –región del Oriente norte de la isla que corresponde a los territorios actuales de Banes, Gibara y Tacajó– y *Los indios de la Cueiba*, entre otros poemas evocadores de Cuba precolombina.

22

Al mismo tiempo se desarrolla entonces otra corriente poética cuyo objetivo era denunciar la situación política cubana camuflándola con loas a la naturaleza de la isla. Se trata del «criollismo», cultivado por Domingo del Monte (1804-1853), José Jacinto Milanés (1814-1863), Ramón de la Palma (1812-1860), Joaquín Lorenzo Luaces (1826-1867), Ramón Vélez Herrera (1809-1886) y Francisco Pobeda

Armenteros (1796-1881). De este último, los siguientes versos del poema *A Cuba* ilustran perfectamente la tendencia del grupo: «*Yo, ni pretendo favores, / ni esclavizo mis palabras: / canto a Cuba, por ser Cuba / mi dulce y querida patria [...]*».

Los comienzos de la guerra

Corresponde al bayamés Vicente Aguilera Tamayo (1821-1877) el mérito de iniciar la primera conspiración eficaz contra el poder colonial. Considerado como el hombre más rico de la provincia de Oriente, Aguilera descendía de una familia principal de Bayamo. Por parte de madre, sus ancestros habían participado en los inicios de la conquista de la isla. Por la de su padre, su genealogía contaba con muchos ilustres, cuya prosperidad económica les permitió acceder a puestos clave del gobierno y la administración de Bayamo. Junto a sus amigos Francisco Maceo Osorio y Pedro Figueredo Cisneros –autor del himno nacional cubano–, Aguilera fundó, en 1867, la logia francmasona Estrella tropical N° 19, que disimulaba a la Junta Revolucionaria de Bayamo, en la cual encontramos a Tomás Estrada Palma, futuro primer presidente de la República en 1902; al santiaguero Donato Mármol Tamayo y al abogado Carlos Manuel de Céspedes (1819-1873), entre otros patriotas. Este último funda por su parte, en la ciudad vecina de Manzanillo, la Logia Buena Fe, cuya divisa era «Independencia o muerte».

Mientras tanto, en el exilio, una asamblea republicana llamada Sociedad Republicana de Cuba y Puerto Rico, congregaba a los principales líderes de las dos últimas colonias españolas en América. El médico puertorriqueño José Francisco Basora y el patriota cubano Juan Manuel Macías trabajaban arduamente en el seno de la logia en favor de la independencia de ambas islas. Otro médico boricua, Emeterio Betances, encontraría el apoyo necesario para iniciar, el 23 de septiembre de 1868, el Grito de Lares, primera gesta heroica de Puerto Rico en favor de su emancipación.

En Cuba, la falta de apoyo al reformismo se extendía hasta los círculos de los terratenientes, convencidos de la imposibilidad de alcanzar reformas que aliviaran de gravámenes e impuestos a los comerciantes. No obstante, es justo recordar que para muchos esclavistas cubanos independizar a Cuba de España, cuando la abolición de la esclavitud ocurría ya en otras partes del mundo, significaba un riesgo mayor. Tal vez para contrarrestar esta tendencia, es que Carlos Manuel de Céspedes del Castillo decide, un 10 de octubre de 1868, dar la libertad a sus esclavos y lanzar desde su ingenio La Demajagua la primera contienda bélica. La mayoría de los conspiradores consideraba que las condiciones no estaban dadas, pero a pesar de las contradicciones internas, Céspedes atacó el poblado de Yara con 500 hombres, seguido de Bayamo, que logró tomar el 18 de octubre de ese mismo año.

Los bayameses, ferozmente hostiles a los españoles, recibieron emocionados a los primeros insurgentes. Es en este momento en que se entonaron por vez primera las notas del himno de Perucho Figueredo, musicalizado por el médico Mario Muñoz, y cuya versión reducida a dos estrofas –para evitar los insultos contra los peninsulares una vez restablecida la paz– se convertirá, tras la instauración de la República en 1902, en el himno nacional cubano. Cabe recordar que la memoria de este himno pudo ser salvaguardada gracias a los exiliados de Nueva York quienes, una vez terminada la primera guerra en 1878, siguieron cantándolo durante las veladas patrióticas que organizaban. Perucho Figueredo fue fusilado por las autoridades coloniales en Santiago de Cuba, en 1870, de modo que los arreglos posteriores realizados a la composición corrieron por cuenta de Emilio Agramonte apoyándose en el himno original que había escuchado en varias ocasiones.

Por otra parte, Carlos Manuel de Céspedes compone también un himno republicano, poco conocido en nuestros días, pero ampliamente entonado durante las arduas jornadas de campañas militares tras el Grito de La Demajagua. También de este periodo datan el *Himno holguinero*, escrito por el brigadier Pedro Martínez Freire y el *Himno de Las Villas*, compuesto en 1874 por Antonio Hurtado del Valle, y de los que nos informa Elena Pérez Sanjurjo, musicóloga cubana exiliada en Miami, en su libro *Historia de la música cubana* (La Moderna Poesía, Miami, 1986).

La guerra no tarda en alcanzar la región de Camagüey, en donde el marqués de Santa Lucía, Salvador Cisneros Betancourt, Ignacio Agramonte Loynaz, Augusto Arango Agüero, Bernabé de Varona Borrero y Carlos Loret de Mola Varona habían fundado en 1866 la Logia Tínima 16 para disimular sus actividades revolucionarias.

En noviembre de 1868, comienza la insurrección de Camagüey, a la que sigue más tarde, en febrero de 1869, la de la región de Las Villas. En esta última emergen las personalidades del pintor y veterano de la Guerra de Secesión norteamericana Federico Fernández-Cavada Howard, fusilado por los españoles en Nuevitas en 1871, y la del polaco de origen judío Carlos Roloff, a quien debemos la publicación del *Índice alfabético y defunciones del Ejército Libertador de Cuba*, una especie de biblia en que aparecen prácticamente todos los oficiales y soldados que participaron en la guerra de 1895.

En abril de 1869, se instaura en Guáimaro la República en Armas de Cuba Libre y se promulga la primera Constitución. Carlos Manuel de Céspedes del Castillo es elegido por unanimidad presidente de la República.

En La Habana, el capitán general Domingo Dulce y Garay se ve entre la espada y la pared –por una parte, la guerra emprendida por los mambises; por otra, la inestabilidad política en la propia metrópoli. Entonces permite, por poco tiempo, la libertad de prensa. Durante el periodo efímero en que se aplica esta medida (enero y febrero de 1869), surgirán más de 60 publicaciones periódicas en la capital, y entre ellas, uno llama la atención en particular: *La Patria Libre*, dirigido por José Martí, futuro «apóstol de la independencia» y organizador de la guerra de 1895.

Bajo la presión del Cuerpo de Voluntarios, una institución creada por los defensores del régimen colonial que reclutaba a sus miembros entre las personas menos instruidas, Dulce deporta a doscientos cincuenta cubanos hacia la colonia española de Fernando Poo, en el golfo africano de Guinea. Al final de la primera guerra, entre dos mil y tres mil familias, integradas por una media de cinco individuos, se habían visto obligadas de partir al exilio, cifra que representaba el 8,3% de la población.

El Consejo Administrativo de Bienes Embargados, fundado por iniciativa del mismo capitán general, se ocupó entonces de las operaciones más fraudulentas de la historia cubana: la confiscación de 319 casas, 196 fincas y de unos 7000 esclavos. En su libro *Cuba/España – España/Cuba*, el historiador Manuel Moreno Fraginals afirma que una ley como esta no volvió a promulgarse nunca más en el país hasta el triunfo de la revolución de 1959.

Treinta años de exilio

«Cuba lucha, consternada, hermosa y sangrando, contra toda la ferocidad de la opresión. ¿Podrá vencer? Mientras tanto, sangra y sufre [...]».

En estos términos se refería en 1870 a Cuba, desde su propio exilio en las islas anglonormandas, el escritor francés Víctor Hugo. En la otra orilla del Atlántico apenas se evocaba la insurrección de la isla, pero unas trescientas mujeres cubanas exiliadas en Nueva York enviaron una carta al célebre exiliado de la isla Guernesey rogándole que interviniera en el conflicto, a lo que Víctor Hugo responde inmediatamente a través de dos artículos titulados «A las mujeres cubanas» y «Por Cuba», dando su apoyo a los insurgentes. En el primero de estos, arranca con una declaración de principios en que expresa sin ambages su posición: *«En este conflicto entre España y Cuba, la rebelde es España»*, y continúa estimulando a las mujeres cubanas *«fugitivas, mártires, viudas y huérfanas»* que dan fe *«con tanta elocuencia tantas angustias y sufrimientos».*

Desde que comenzó la Guerra de los Diez Años (1868), el exilio cubano, fundamentalmente concentrado en Nueva York, Tampa y Cayo Hueso, no parará de crecer. Verdadera hemorragia que lo convierte en una especie de retaguardia de la lucha insurrecta. Solo en 1869, más de cien mil personas habían abandonado la isla. Con excepción del apoyo abierto de algunas naciones hispanoamericanas, los exiliados tuvieron que afrontar solos los costos financieros de la guerra en medio de un ambiente de franca hostilidad por parte de Estados Unidos y de las potencias europeas. Hamilton Fisch, entonces ministro de Relaciones Exteriores de Washington logró obtener un decreto presidencial que ordenaba el arresto inmediato de toda persona que preparase desde el territorio de la Confederación una expedición que diera apoyo a los insurgentes. En Europa, muchas naciones propusieron su ayuda a España, ya que, bajo la óptica de este continente, había que evitar cualquier influencia norteamericana en la isla en caso de que ésta alcanzara su independencia.

En 1878, diez años después de su inicio, la guerra llegaba a su fin. Las rivalidades entre los jefes insurrectos, la economía exangüe, la poca ayuda exterior, el exilio de sus hombres más combativos, el costo humano ocasionado por las redadas contra los mambises y las dificultades de coordinación, impedían la prolongación del conflicto más allá de esa fecha. En estas circunstancias, el general español Alfonso Martínez Campos, enviado por el gobierno de Madrid para pacificar la isla, obtuvo, el 8 de febrero, la capitulación de los líderes mambises más sobresalientes. A este tratado de paz, conocido como Pacto de Zanjón, se opuso uno de los insurgentes de mayor bravura, el legendario Antonio Maceo, quien expresó su determinación de continuar la lucha junto a sus hombres, ignorando el armisticio. Pero a pesar de su tenacidad, Maceo no logró infundir nuevos bríos. Las operaciones que llevó a cabo en Oriente, llamadas por los historiadores «Guerra Chiquita», no bastaron para incendiar nuevamente los ánimos.

Aunque la Guerra de los Diez Años no cumplió con su objetivo emancipador fundamental, sí permitió el reconocimiento por parte de la metrópoli de algunos derechos en favor de los cubanos, tales como el ejercicio de una actividad de propaganda pacifista en la prensa y lugares públicos, así como el derecho de elegir a sus re-presentantes en el gobierno local. Por otra parte, Cuba recuperará su representación en las Cortes peninsulares, perdida desde 1837, y se debilitan indiscutiblemente las facultades omnímodas de las que sacaban provecho los capitanes generales desde hacía décadas.

El periodo de relativa paz que va desde Zanjón hasta el comienzo de la guerra de 1895, breve respiro para la economía devastada del país, estuvo marcado por la preparación del segundo conflicto, pero también por la abolición de la esclavitud en 1886. Cuando este tipo de régimen ya había desaparecido en las colonias esclavistas europeas, Cuba se negaba a liberar a su mano de obra esclava. De 1835 databa el segundo tratado hispano-británico que prohibía toda forma de trata negrera, pero las autoridades de La Habana se hacían de la vista gorda con respecto a las transacciones de los negreros y traficantes. Hay que aclarar siempre que la preocupación de los británicos no solo era de orden filantrópico, sino esencialmente económico, ya que la esclavitud frenaba sus intereses de industrializar la economía en el hemisferio occidental. A pesar de las sanciones impuestas por los navíos ingleses a todo traficante interceptado en el mar, los beneficios de este comercio ilícito eran superiores a las eventuales pérdidas, y por ello, la actividad representaba todavía una jugosa fuente de enriquecimiento. Es el tema que aborda el escritor Lino Novás Calvo en su novela *El negrero* (1933), relato fascinante de aventuras que evoca los retos de este tráfico, a partir de su personaje Pedro Blanco, hábil comerciante de esclavos.

No hay dudas de que la industrialización lenta de la producción influyó en la gestación de un movimiento obrero cubano. Agrupados en el seno de las manufacturas de tabaco, los obreros fundaron en 1885 el Círculo de Trabajadores de La Habana, y años más tarde, en 1892, celebrarán el Primer Congreso Regional Obrero, en La Habana, cuya reivindicación principal fue la instauración de la jornada laboral de ocho horas. Los obreros de la isla y los de las manufacturas tabacaleras de Tampa y Cayo Hueso trabajaron por la causa común de la independencia en cuanto estalló el nuevo conflicto.

A decir del reverendo Manuel Deulofeu, autor de un estudio exhaustivo sobre las actividades de los exiliados cubanos en Tampa y Cayo Hueso publicado en 1905, fue Vicente Martínez Ybor, fabricante de tabacos de La Habana, el fundador en Cayo Hueso, en 1869, de la primera manufactura en el sur de la Florida. El islote, el más meridional habitado de Estados Unidos y el más próximo también a las costas cubanas, llamado Key West en inglés, pero Cayo Hueso en español (por la gran cantidad de huesos pertenecientes a indios calusas masacrados por las tribus invasoras de aborígenes venidos del Norte y encontrados por los españoles cuando desembarcaron allí por primera vez), había dejado de pertenecer a España cuando en 1821, Juan Pablo Salas, su propietario, lo vendió a John Simonton, un comerciante norteamericano.

En 1868, miles de cubanos exiliados viven en Cayo Hueso. Con ellos trajeron sus conocimientos en el ámbito de la producción tabacalera y fomentaron en el islote una industria floreciente que, una década después, contaba ya con veinte y nueve manufacturas, capaces de producir 62 millones de puros al año.

La creación de la Asociación Patriótica de Cayo Hueso, primera de su tipo, data de 1869 y fue encabezada por el exiliado José D. Poyo. Otras asociaciones patrióticas surgirán después, como Los Pares (fundada por iniciativa de Juan M. Reyes), La Juvenil (integrada exclusivamente por niños), el Club Patriótico Cubano (presidido por Miguel de Cárdenas Zayas) y La Caja de Guerra (cuyos tesoreros eran Martín Herrera y Juan M. Reyes). En 1871, la Agencia Central de la República de Cuba, con sede en Nueva York, decide agrupar a todas estas asociaciones patrióticas en una sola: la Asociación Patriótica del Sur, para instituir un fondo único que reuniera todos los aportes de las recaudaciones.

Fue en el seno del legendario Club San Carlos, institución cultural y educativa fundada en Cayo Hueso en 1871 y aún activa ciento cincuenta años después, que tuvieron lugar las actividades patrióticas más sobresalientes vinculadas con los exiliados. Fundado por José M. Fuentes y Juan M. Reyes, y dirigido en sus inicios por Luis Someillán (presidente) y Benito Alfonso (vicepresidente), el Club acogía a las familias exiliadas y garantizaba la educación de sus descendientes. Su escuela ha sido considerada como el primer centro educativo bilingüe de Estados Unidos y en sus aulas se educaron muchos niños cubanos nacidos en la isla o en el exilio. El elegante edificio neoclásico que podemos ver hoy en la calle Ann, fue construido en 1924 por el arquitecto cubano Francisco Centurión Maceo, en el lugar en donde se encontraba el antiguo Club financiado por el empresario habanero Martín Herrera en 1888, después de que la sede original fuese devastada por un incendio en 1886.

En las manufacturas de tabaco en donde trabajaban, los obreros exiliados entregaban por voluntad propia el 10% de sus sueldos a la causa de la independencia. La suma engrosaba los fondos de esta, algo que evoca Deulofeu, testigo esencial de la devoción patriótica de la colonia cubana del cayo. En su libro cita como ejemplo el destino trágico de Ramón Santana, uno de esos tabacaleros exiliados, quien, aquejado por una enfermedad incurable, dependía exclusivamente de un medicamento que le habían recetado para sobrevivir. Deulofeu cuenta que, en una ocasión, al volver a su casa, confesó a su esposa que había entregado todo su salario a la recaudación de fondos para la guerra. Alarmada, esta le advirtió de las consecuencias que su gesto podría acarrearle si paraba su tratamiento, a lo que Santana exclamó con orgullo: «¡La patria vale más que la vida!». Una semana después, fallecía.

También vemos este patriotismo devoto entre las mujeres cubanas de ese mismo exilio quienes se organizan en sociedades como el Club Mercedes de Varona (fundado por Enriqueta Domínguez de Valdés), el Club Adriana del Castillo o la Sociedad Lorenza Díaz de Marcano (dirigido por Victoria Sarduy) y las Hospitalarias Cubanas, en el seno de las cuales participaban activamente en la recaudación de fondos y medicamentos.

Si Nueva York y Cayo Hueso fueron los primeros focos de exiliados cubanos en Estados Unidos, también Tampa, una ciudad del centro de la Florida a orillas de la bahía del mismo nombre, acogerá un flujo importante de emigrantes durante las dos guerras de la segunda mitad del siglo XIX.

Fue Vicente Martínez Ybor, propietario de la primera manufactura de Cayo Hueso, quien también se estableció en Tampa, en 1886, al buscar un paliativo a la recesión económica y un puerto con mejores condiciones para inaugurar un puente marítimo con La Habana. Los cubanos no tardaron en convertirse en la población mayoritaria de la ciudad, en donde fundan el barrio de Ybor City, que entonces se llamaba «Cuba Town», en la calle Séptima entre las calles Cuba, República y 19 actuales.

En Tampa, los exiliados constituyeron sus propias organizaciones políticas. En 1886, fundan el Liceo Cubano, en un edificio de madera donado por Martínez Ybor. En el seno de este, Eligio Carbonell y José Gómez Santoyo crean, el 10 de mayo de 1891, el Club Ignacio Agramonte. Días después, entre el 26 y 27 de noviembre, invitan a José Martí, y allí pronuncia ante sus compatriotas dos de sus discursos más famosos: «Con todos y para el bien de todos» y «Los pinos nuevos». Tampa se convierte en cuna de la campaña independista de 1895 y los obreros de sus manufacturas entregaban cada semana el jornal de un día a los fondos de la guerra.

José Martí, después de haber sido condenado a galeras en La Habana, deportado a la isla de Pinos, y luego a Madrid, pasó algunos años exiliado en Estados Unidos. Esta experiencia significó un giro en su vida intelectual ya que el grado de libertad máximo del que fue testigo en este país le permitió entender las grandes diferencias con respecto a España e incitar a sus compatriotas a seguir por el camino trazado por los padres fundadores de la democracia norteamericana. Esta idea constituye también el fundamento de su obra literaria, con la que incursiona prácticamente en todos los géneros, desde la poesía y el teatro hasta la novela, el cuento, el ensayo, el panfleto, la literatura infantil y el género epistolario.

La llegada de José Martí a Tampa representa un momento crucial para la reciente comunidad de exiliados. Hasta esa fecha, las actividades patrióticas, los actos públicos y las recaudaciones de fondos se realizaban discretamente, pues entre los obreros de las manufacturas y comerciantes tabacaleros había gran cantidad de españoles. Francisca Parody de Armas, Fredesvinda Sánchez y muchas otras mujeres tenía que recaudar el dinero arriesgándose a que las descubriesen y a que las autoridades expulsasen a sus compatriotas de las manufacturas donde trabajaban.

En 1889, la huelga emprendida por los obreros de la manufactura de Martínez Ybor fue boicoteada por los peninsulares que se oponían a la emancipación de la isla. Estos inconvenientes condujeron a la creación de la Liga Patriótica Cubana, una sociedad secreta fundada por Ramón Rivero y Rivero. Cuando Martí se enteró de la existencia de esta organización, exclamó: ¡Ya todo estaba listo!, al evocar las condiciones excepcionales de Tampa como refugio para los independentistas. Las mujeres también crearon allí numerosos clubes patrióticos como el Gonzalo de Quesada (presidido por Alejandrina San Martín), la Estrella Solitaria (dirigido por Juana A. Figueredo) y Obreras de la Independencia (por Adelaida Santana de Rivero).

Vale la pena evocar la ardiente personalidad de Paulina Pedroso, una negra exiliada de la Guerra de los Diez Años, que recibió a Martí durante su estancia en Tampa, en una hostería de su propiedad, y quien incitaba a la población negra de la isla a unirse a los esfuerzos sin detenerse en los prejuicios raciales propios de la sociedad de entonces. También se destacaron otras como Susana Echemendía, Ana Merchán y Carolina Rodríguez, muy activas en el acopio de armas y medicamentos para la guerra.

Al tanto de las actividades realizadas por José Martí en Tampa, la Convención Cubana de Cayo Hueso, fundada en 1889 y presidida por José Francisco Lamadrid, antiguo combatiente de la Guerra de los Diez Años, lo invita a esta organización. Martí llega al cayo el 25 de diciembre de 1891 y lo esperan Fermín Valdés Domínguez, Juan Gualberto Gómez, Gerardo Castellanos, José González Guerra, Ángel Figueredo, entre otros miembros de la Convención. Allí, revela públicamente las bases del Partido Revolucionario Cubano (PRC), proclamado por él en Nueva York, un 10 de abril de 1892. Dicha organización es, sin lugar a dudas, la clave de la nueva campaña bélica que se prepara contra España. Aunque esta comenzará el 24 de febrero de 1895, fue el exilio su instigador fundamental mediante células de apoyo logístico, financiero y de propaganda, emanadas del propio PCR.

En el umbral de la guerra de 1895 existían unas 100 células o clubes del PCR solo en Florida: Ocala (6), Jacksonville (3), West Tampa (3), San Agustín (1) y Gaineswille (1). Unas 22 funcionaban en Nueva York, 6 en Filadelfia, 3 en Nueva Orleans y una en Chicago, además de las que existían en la República Dominicana (8), México (7), Jamaica (6), Panamá (3) y Costa Rica (3). Para tener una idea de la magnitud de este movimiento, cabe citar como ejemplo la célula de Saint Petersburg, entonces pequeña localidad cerca de Tampa, dirigida por el patriota Manuel del Castillo y la joven norteamericana Miss Loke. En Jacksonville, en donde Martí se dirige a los obreros de la manufactura El Modelo en 1893, cubanos y norteamericanos defendían juntos la misma causa. En esta ciudad del norte del Estado, Napoleon-Bonaparte Broward, quien será el decimonoveno gobernador de la Florida entre 1905 y 1909, dirigió personalmente ocho expediciones marítimas, entre las que figuró la del remolcador *Three Friends*, cargado de hombres y municiones de apoyo a los insurrectos en la isla.

En épocas en que se ha puesto de moda condenar a los hombres de otros tiempos por sus posiciones ante la esclavitud, Broward, a quien se le ha considerado defensor de la segregación racial, no ha sido la excepción. Su estatua delante de la Corte general del condado que lleva su nombre fue retirada en octubre 2017 y hasta se ha planteado la absurda idea de cambiar el nombre al condado, si la mayoría lo estima necesario. Como sucede casi siempre con estos movimientos «revisionistas», poco importan los méritos del individuo cuando se trata de sumarse a la histeria colectiva, irracional y, casi siempre, de supina ignorancia.

LOS MÚSICOS EN EXILIO

Una música propiamente cubana

La música originaria de la isla de Cuba, la que tocaban los habitantes precolombinos (siboneyes y taínos) cuando llegaron los
conquistadores, dejó muy pocas huellas en lo que conocemos hoy
como «música cubana». Fray Bartolomé de las Casas, un sacerdote
español testigo de los primeros años de la colonización, afirma en
sus relatos que los taínos se mostraban muy apegados a sus cantos
y bailes. Conocemos, gracias a diferentes testimonios de la época, la
existencia de un baile propio de ese grupo étnico. Se trata del areíto,
del que se piensa que tenía un carácter ritual, pero del que no dis-
ponemos de ningún ejemplo, a excepción del conocido *Anacaona*,
de autenticidad muy dudosa.

No obstante, algunos instrumentos musicales utilizados por los
precolombinos cubanos tuvieron cierta influencia en la música que
se escuchará después. De todos ellos: el mayohuacán (un tambor
hecho con el tronco de los árboles), la botija (especie de jarra de
barro cubierta con cuero animal a la manera de un tambor), la
flauta (muy rudimentaria y concebida a partir de cañas), el guamo
o fotuto (una especie de caracol que se llama «cobo» en la isla) y
los sonajeros (güiras rellenas de piedrecillas u otros frutos secos
amarrados unos a otros para crear una especie de ristra), solo este
último se conservó en la música más contemporánea bajo la forma
de maracas o guayo, instrumentos ideófonos similares a los encon-
trábamos entonces en el continente africano.

El descubrimiento de la Tierra Firme permitió a los conquistadores el acceso a los codiciados metales preciosos, pero significó
también el éxodo de muchos de aquellos que se habían instalado ya
en Cuba. La isla se convierte entonces en una especie de trampolín
para quienes deseaban continuar su viaje en pos de oro, plata y pie-
dras preciosas. Es la razón principal por la que todo el siglo XVI y el

siguiente son pobres en ejemplos musicales. La colonia nacía con la predestinación de ser una tierra de emigrantes. A La Habana se llegaba de paso o se permanecía algún tiempo en ella a la espera de que fondearan en su puerto todos los galeones cargados de riquezas que partirían formando «la flota», hacia España.

A pesar de esta pobreza musical en los inicios de la Conquista, muchos historiadores indican la presencia en Santiago de Cuba hacia 1580 de una pequeña orquesta integrada por el violinista sevillano Pascual de Ochoa y las hermanas Micaela y Teodora Ginés, negras libertas originarias de la isla vecina de Santo Domingo. La abundante bibliografía sobre el periodo indica la existencia del célebre *Son de la Ma' Teodora* como la primera composición de música popular en la isla, al menos conservada, y atribuida a estas hermanas. Pero investigaciones relativamente recientes llevadas a cabo por el historiador cubano Alberto Muguercia y publicadas en su ensayo *Teodora Ginés: ¿mito o realidad?* refutan esta idea, no al negar la existencia de las dos mujeres, sino la del célebre «son» que parece ser, como muchas otras expresiones artísticas supuestamente del siglo XVI cubano, una invención lúdica del XIX.

35

En los dos primeros siglos de colonia hubo muy pocos ejemplos de composiciones musicales concebidas en la isla y la mayoría de éstas se limita al ámbito de lo sagrado, mediante villancicos, cánticos procesionales y otros de tipo ceremonial. Se sabe de la presencia en La Habana, en 1605, de Gonzalo de Silva, primer profesor de música activo, así como la de Juan de Mesa Borges, nombrado primer organista de la catedral de Santiago de Cuba en 1630. Sin embargo, en el ámbito de lo popular, existían ya numerosos ritmos y danzas citados por la literatura de la época. Lope de Vega, Miguel de Cervantes, entre otros escritores españoles del Siglo de Oro, evocaron en sus obras «los bailes venidos de las Indias», como la sarabanda, la chacona, el zambapalo y el fandango. En su origen, habían sido llevados a América por los propios conquistadores, y fue en ultramar, del otro lado del Atlántico, donde adquirieron otra fisonomía al entrar en contacto los africanos. De modo que, al volver a Europa suficientemente modificados, se podía afirmar que se trataba de un nuevo producto musical.

Por sus condiciones geográficas excepcionales, la isla y, fundamentalmente el puerto de La Habana, se encontraban en el cruce de rutas comerciales entre el Viejo Continente y gran parte de América, una particularidad que la sitúa en el epicentro de un flujo migratorio constante, con muchas idas y vueltas de personas que llevaban y traían aportes culturales diversos. Lo que constituía una ventaja para conformar la cultura propia de la isla, también fue un inconveniente, ya que la población asentada en la capital poseía un muestrario demasiado vasto de formas culturales que no podía asimilar y adaptar al mismo tiempo. No es difícil imaginar entonces la dificultad para los habaneros para consolidar un lenguaje cultural propio en un sitio tan cosmopolita, algo que también, con el tiempo, se convirtió en el elemento clave para que surgiera allí una de las músicas más originales y mundialmente conocidas de todo el planeta

A finales del siglo XVIII surge el primer compositor de renombre de música culta. El sacerdote Esteban Salas Montes de oca (1725-1803), nombrado maestro de capilla de la catedral santiaguera, componía un tipo de música sagrada que seguía las pautas de las piezas creadas y tocadas en la península ibérica, a la que añadió una sensualidad propia de Cuba. El resultado fue una música de gran frescura y elegancia, integrada por misas, devociones, letanías, salmos, salvas, motetes e himnos sagrados, que no pueden ser comparados con nada de lo que existía hasta entonces en otras latitudes.

Por otra parte, la primera obra lírica que ve la luz en La Habana, *América y Apolo*, era un drama lírico y dramático de 1807 compuesto por el capitán del regimiento de infantería Manuel Zequeira Arango. Y unos años después, en 1812, Francisco Ríos funda la primera publicación especializada en música: *El Filarmónico mensual*, que se imprimía en el taller litográfico de Esteban Boloña.

Las festividades religiosas facilitaban la organización de veladas mundanas en los que la aristocracia y las personas de extracción social modesta se mezclaban para bailar al ritmo de contradanzas y minuets. Sin embargo, es en la escena teatral en donde comienza a germinar el fundamento de una música propiamente criolla, introducida por Francisco Covarrubias, creador del teatro bufo cubano, influenciado pero diferente a la vez del que ya existía en España. Este género cómico y satírico, creado e interpretado en la isla, representaba la vida callejera con su amalgama de negros, mulatos, gallegos, catalanes, marinos, etcétera. El modelo peninsular marcaba la pauta, fundamentalmente a través de las tonadillas añadidas en los intermedios o al final del espectáculo, pero renacía adaptándose al gracejo habanero, en ocasiones muy erótico y hasta obsceno, así como a la música que se bailaba y cantaba en el país.

Las guarachas no tenían entonces muy buena fama. Abundan en la prensa de la época los comentarios que alertaban sobre la vulgaridad del género. En 1803, el periódico *El Regañón de La Habana* (el nombre lo dice todo) publicó algunos artículos moralizadores al respecto. Y Estaban Pichardo, en su famoso diccionario de voces y frases cubanas de 1836, consideró que la guaracha (que no debe ser confundida con el género homónimo del siglo XX) era un ritmo anticuado y exclusivo del populacho. En una edición posterior y corregida de ese mismo diccionario, ante el éxito del ritmo, el autor tuvo que añadir la participación de un coro en alternancia con el solista, a la vez que reconoció su reconocimiento en los bailes de las «casas cunas» u orfelinatos.

En 1882, la imprenta de la Plaza del Vapor publica en Madrid un pequeño repertorio de guarachas bajo el título de *Guarachas cubanas*. Se trata de una curiosa recopilación de piezas de este género desde las más antiguas hasta las más modernas. Sus letras, que evocan escenas de la vida cotidiana y el gusto pronunciado por las alusiones de carácter sexual y el doble sentido, tuvieron cierta influencia en la cancionística cubana. Esta tendencia alcanzará su apogeo con la obra de José Crespo Borbón, creador de varias comedias en las que por primera vez los afrocubanos desempeñaban un papel esencial. Estamos ante el origen de la mitología de personajes populares que dominarán la escena del teatro bufo y otros ámbitos artísticos. Entre ellos figuraban la negra María Belén, el bembón Perico Trebejo, la mulata María la O y el buscapleitos Juan Quiñones, que irrumpen con fuerza en el repertorio cubano de la segunda mitad del siglo XIX.

Se ha hablado mucho de la contradanza, género del que Alejo Carpentier sitúa sus raíces en la *country danse* inglesa, conocida a fines del siglo XVII en Francia y Holanda, ennoblecida en los salones provinciales de la Gascoña y el Perigord franceses, antes de llegar a la colonia caribeña de Port-au-Prince (actual Haití). Los acontecimientos que tendrán lugar, a partir de la noche del 14 de agosto de 1791, en la ciudad de Bois Caimán, en la parte francesa de la isla de La Española, condujeron a la sublevación de los esclavos más espectacular de la historia del continente americano. Aterrorizados por la magnitud del levantamiento e incapaces de aplacar a los sublevados, los colonos franceses que logran escapar se refugiaron, con algunos de sus servidores, en la parte oriental de Cuba. Aquel éxodo se prolongó más allá de 1791 y, al terminar la guerra eme prendida por el general Rigaud, unos cuantos miles de mestizos y colonos franceses se encontraban ya instalados en la segunda villa cubana, de apenas unas 1500 almas. Amos y esclavos introdujeron entonces la danza de figuras que ya llamaban contradanza, y con ésta, el cinquillo, elemento rítmico esencial en la formación de la música cubana.

En ese momento, y durante la primera mitad del xix, coexistían en Cuba la danza habanera y la contradanza oriental. La primera, contrariamente a la segunda, se bailaba con un tempo moderado y mucho más sereno, más acorde al espíritu romántico de la época. Además, no se acompañó con textos hasta 1842, en que se publicó por primera vez *El amor en el baile*, una pieza de este género en el periódico *La Prensa* del 13 de noviembre de 1842. Es a esta danza habanera a la que harán referencia en sus propias composiciones los creadores de óperas como Georges Bizet, Raoul Laparra, Saint-Saëns, Emmanuel Chabrier, Gabriel Fauré, Maurice Ravel y Claude Debussy, entre otros.

Los músicos políticamente comprometidos

En 1844, el músico negro José Miguel Román, originario de Matanzas y profesor del extraordinario violinista y compositor José Silvestre White, fue juzgado y condenado a muerte durante el proceso contra los participantes en la Conspiración de La Escalera. En ese mismo juicio, los bienes de otro músico negro, Claudio Brindis de Salas, profesor de danza y director del conjunto instrumental La Concha de Oro, fueron embargados. Se trataba del padre de Claudio José Brindis de Salas (1852-1911), de vida contrastante y llena de azares, llamado «El Paganini negro», ennoblecido con el título de barón por el káiser de Alemania Guillermo II y violinista de cámara del emperador. Pero de todos los juzgados, el caso más conocido es sin dudas el del director de orquesta y compositor habanero Tomás Bueltas Flores (1749-1844), encarcelado en 1843 y fallecido después, a causa de las torturas a que fue sometido por sospecharse su participación en la Conspiración. Como los tres anteriores, Bueltas era negro y en 1830 integraba la orquesta del Coliseo y había compuesto algunas contradanzas como *La Valentina* y *El himeneo*.

El establecimiento de grandes fábricas de azúcar y la importación masiva de esclavos se convirtieron en la principal fuente de riquezas de la región matancera. Esta prosperidad hizo de la ciudad un polo cultural al que llegaban músicos y poetas, algo que le valió el título de «Atenas de Cuba». En 1829 ya existe allí una Sociedad Filarmónica y más tarde, en 1847, otra que las autoridades coloniales cerraron poco después por acoger en su seno a muchos jóvenes con ideales independentistas. Es notorio que el día en que las autoridades matanceras organizaron un baile en honor de la reina Isabel ii de España, los salones de aquella sociedad se quedaron vacíos.

Otro incidente evocado por historiadores y especialistas tuvo lugar en el teatro habanero de Villanueva, cuando algunos miembros del Cuerpo de Voluntarios, por un lado, e independentistas por el otro, se enfrentaron en la noche del 23 de enero de 1869, durante una puesta en que se tocaba la guaracha *El negro bueno*, escrita por el periodista y autor de piezas de teatro bufo Francisco Valdés Ramírez. Los voluntarios agredieron al público en favor de la independencia, y el enfrentamiento dejó un saldo de 14 muertos y 26 heridos de parte y otra. Si observamos el contenido de esta guaracha, entenderemos por qué despertaba tanto entusiasmo entre los independentistas y las razones por las que al escucharla comenzaron a dar gritos de «¡Viva Cuba!»:

> *Del Manglar a Monserrate*
> *y de La Punta a Belén*
> *todos doblan el petate*
> *si toco yo a somatén.*
> *Donde se planta Candela*
> *no hay negra que se resiste,*
> *y si algún rival la cela,*
> *al momento vende lista* […]

Muy cantada en la manigua, esta guaracha puede ser considerada como la primera manifestación política del género musical. Al precisar que de un barrio habanero a otro (Manglar, Monserrate,

La Punta y Belén) todos doblaban el petate, es decir, aumentaban la carga, el autor se refería a que los habitantes estaban dispuestos a transportar armas para la insurrección, algo que ya había sido la causa de que la Conspiración de Vueltabajo fuese descubierta. Los Voluntarios, muchos de ellos criollos, reconocían fácilmente la intención velada de estos versos.

Entre los primeros músicos en declararse abiertamente favorable a la independencia se encuentra Pedro Santacilia (Santiago de Cuba, 1824 – Ciudad México, 1910) y desterrado el 25 de enero de 1853, tras ser denunciado como autor de algunas cuartetas contra el régimen colonial, entonadas en la Sociedad Filarmónica de su ciudad. También en la región oriental, en Puerto Príncipe, se fundó en 1842 la Sociedad Filarmónica de la villa, núcleo de la actividad cultural integrada por las familias acomodadas y prácticamente desierta tras el comienzo de la Guerra de los Diez Años, hasta que en 1880 se fundó el Liceo de Puerto Príncipe. Como dato curioso vale añadir que fue secretario del presidente Benito Juárez y se casó con la primogénita de éste.

Más conocida en esa ciudad por sus actividades como insurrecta que por su talento musical, Amalia Simoni Argilagos, esposa de Ignacio Agramonte Loynaz, jefe mambí que llamaban «El Mayor», había cursado estudios de canto durante su infancia en Italia. Simoni tuvo que exiliarse en Nueva York en donde se enteró de la muerte en combate de su esposo, en el potrero de Jimaguayú, un 11 de mayo de 1873. Fue en la Gran Manzana, en donde comenzó a ofrecer recitales de canto para recaudar fondos para la guerra, junto a su hermana Matilde Simoni Argilagos, esposa de Eduardo Agramonte Piña, primo del «Mayor» y general del ejército insurrecto, fallecido también en combate, en San José del Chorrillón, en 1871. Un hermano de este último, Emilio Agramonte Piña (1853-1918), dirigió durante 15 años la Gounod Society, durante su exilio neoyorkino, en que fundó en 1893 una escuela de ópera y dirigió la Unión Vocal de New Brunswick. Este célebre director de orquesta, conferencista y examinador del Colegio de Música de Estados Unidos, donaba buena parte de su salario a los fondos para la guerra de independencia cubana.

Pero no se puede hablar de Puerto Príncipe, sin evocar al compositor y flautista Luis Casas Romero (1882-1950), creador de un tipo de canción de inspiración romántica, en ocasiones patriótica, llamada «criolla». Desde muy joven, Casas Romero interrumpió su formación musical para engrosar las filas el Ejército Libertador, bajo las órdenes del coronel Braulio Peña, durante la guerra de 1895. Aunque su primera criolla se titulaba *Carmela*, estrenada en 1910, su composición más célebre es sin lugar a dudas *El mambí*, de 1912, inspirada en versos del poeta Sergio Lavilla que cuentan el heroísmo de una mujer decidida de seguir a su amante en la lucha hasta morir a su lado en la manigua:

> *Allá en el año 95,*
> *y por las selvas de Mayarí,*
> *una mañana dejé el bohío*
> *y a la manigua salió el mambí.*
> *Una cubana que era mi encanto,*
> *y a quien la noche llorando vio,*
> *al otro día con su caballo*
> *buscó mis huellas y me siguió.*
> *Aquella niña de faz trigueña*
> *y ojos más negros que la maldad,*
> *unió sus fuerzas a mi fiereza*
> *y dio su vida a la libertad.*

Aunque esta criolla data del periodo republicano (1902-1952), recrea la epopeya de las mujeres cubanas en la manigua, ocupadas en atender a los heridos y en organizar la vida en los campamentos. Casas Romeros reflejó en su obra el ideal romántico de finales del xix, del que el propio José Martí es el mejor ejemplo. Más allá de la instauración de la República, el autor de *El mambí*, al igual que muchos otros creadores cubanos, se mantiene fiel a los valores que inspiraron las gestas independentistas y a los recuerdos de las campañas militares contra el régimen colonial.

El 10 de octubre de 1922, al inaugurarse la radio cubana, la primera transmisión comienza con el *Himno Nacional*, interpretado por Casas Romeros, quien ya había integrado en 1917 la Banda del Estado Mayor Cubano, de la que se convertirá en su director a partir de 1933. Más de tres décadas después del fin de la guerra, Casas Romero lleva a los músicos de esta Banda a Tampa y Cayo Hueso. Era un gesto sumamente simbólico ya que interpretarían su repertorio ante un público integrado por exiliados cubanos de las guerras de independencia y sus descendientes, establecidos definitivamente en la Florida. Hay que recordar que, tres y hasta cuatro generaciones después, los descendientes de aquellos primeros exiliados de la segunda mitad del siglo XIX reivindican todavía sus orígenes cubanos. Por ello se les conoce como «tampeños», y algunos hablan aún el español y celebran con ardor las fechas patrióticas relacionadas con las gestas libertarias cubanas.

Patriota de excepcional envergadura, Enrique Loynaz del Castillo (1871-1963), nació y creció en Puerto Plata, República Dominicana, en el seno de una familia que se había exiliado tras el estallido de la Guerra de los Diez Años. Desde su más tierna edad recibió la influencia del ideal familiar y fue uno de los primeros en respaldar la lucha emprendida por José Martí, así como la Delegación del Partido Revolucionario Cubano. Cuando Loynaz regresó a Cuba, funda junto a Cisneros Betancourt, el semanario *El guajiro* (1893). Perseguido político por sus ideas y actividades en la isla, tuvo que salir rumbo Nueva York, en donde colabora nuevamente con José

42

Martí. Viajero infatigable, lo encontramos después en Costa Rica, donde vivía exiliado Antonio Maceo, de quien se convirtió en su consejero y a quien salvó de un atentado, un gesto que le costó una nueva expulsión, esta vez hacia Estados Unidos. Impaciente por dar su apoyo a la independencia, Loynaz se mudó a Cayo Hueso con el objetivo de ingresar en una de las expediciones armadas hacia la isla. En la guerra de 1895, fue el edecán de Antonio Maceo, en Oriente, y luego estuvo en el Estado Mayor del general Serafín Sánchez, en Las Villas. Al volver a La Habana, el 24 de febrero de 1899, ya había obtenido el grado de general.

Al evocar la vida de su padre, la escritora cubana Dulce María Loynaz Muñoz, premio Cervantes de 1992, afirmó: «solo hablaba de los años de la guerra, y estos ocupaban todo su pensamiento». La veía como una época gloriosa, incluso cuando algunos aconte- cimientos no estuvieron a la altura de la gesta. En un país como Cuba, en que la historia ha sido reescrita en diferentes momentos por razones políticas, Dulce María vivió en ostracismo después de 1959, y la memoria del general Loynaz perduró más como compositor del *Himno invasor* que como héroe de sobrados méritos militares. Compuesto para enardecer los ánimos y acompañar las cargas mambisas contra los españoles, el himno compuesto por Loynaz se tocaba incluso durante los combates, como sucedió durante la batalla de Mal Tiempo, el 15 de octubre de 1895, en que la orquesta insurrecta dirigida por el músico holguinero Jesús Avilés Urbino, lo interpretó en pleno combate:

> *A Las Villas valientes cubanos*
> *a Occidente nos manda el deber*
> *de la Patria arrojad los tiranos,*
> *a la carga, a morir o a vencer [...]*
> *Orientales heroicos al frente,*
> *Camagüey, villareños, marchad*
> *a galope triunfal a Occidente*
> *por la Patria, por la libertad.*
> *De la guerra la antorcha sublime*
> *cubra el cielo de intenso fulgor,*
> *porque Cuba se acaba o redime,*
> *incendiada de un mar a otro mar.*
> *A la carga escuadrones volemos*
> *que al degüello el clarín ordenó,*
> *los machetes furiosos alcemos,*
> *muera el vil que a la Patria ultrajó.*

Independientemente del optimismo en el triunfo, se puede observar que la mayoría de los himnos de combate no disimulaban la ira contra las autoridades. También es notorio la intención de hundir al país en el caos, si fuese necesario, con tal de lograr el objetivo final de la independencia. Ya cité anteriormente el incendio voluntario de Bayamo y también el grito numantino de «Patria o muerte», anunciado como divisa de guerra de la logia fundada por Carlos Manuel de Céspedes y tan cuestionado en el momento en que escribo la versión en español de este libro, por jóvenes músicos cubanos de hoy en día, al lanzar el de «Patria y vida», en oposición a la idea de sacrificar al pueblo cubano en aras de un ideal que no tiene ya razón de ser en las condiciones actuales.

Pero en el siglo XIX hubo al menos, en casi todas las grandes ciudades cubanas, un músico comprometido con la causa de la emancipación. En Pinar del Río, el pianista Pedro Rubio Cañal basó sus conocimientos musicales en las enseñanzas de su profesor de solfeo y piano José Gorgoza. Deportado a Chafarinas, posesión española frente a las costas de Marruecos, durante la guerra de 1895, regresó a Cuba al final del conflicto para consagrarse completamente a la educación musical. En Santa Clara, perdura aún el recuerdo del violinista Néstor Palma, quien estudió en París y regresó para implicarse en la guerra. Y en Cienfuegos, la llamada «Perla del Sur», villa fundada por los franceses de la Luisiana en 1819, se destacó la labor del compositor Guillermo Tomás Bouffartigue (1868-1933), exiliado desde 1890 en Estados Unidos y autor de *Canto de guerra* y de *Rapsodia militar cubana*, dos piezas inspiradas en los seis poemas *Cantos a la patria*, de Francisco Sellén. Junto a Bouffartigue, su esposa Ana Aguado (1866-1921), también cienfueguera, soprano conocida como «La Calandria cubana», recibió los elogios de José Martí cuando se presentó en el Club neoyorkino de los independentistas y donó la totalidad de las entradas a los fondos patrióticos.

Mencionemos también al violinista Ramón Figueroa Morales (1862-1928) y al compositor santiaguero y autor de *12 estudios para piano*, Rodolfo Hernández Soleilac (1856-1937), exiliados ambos en Santo Domingo, en donde integraron desde su fundación la delegación del PRC. Así como, al flautista Ernesto Bavastro Cassard (1838-1887), presidente de la delegación cubana de Kingston, en Jamaica.

Al evocar a los músicos de este periodo comprometidos con la independencia hay que recordar al compositor habanero Ignacio Cervantes Kawanagh (1847-1905) quien, con diez años de edad, escribió *Soledad*, su primera danza. Estudió luego en el Conservatorio Imperial de París donde obtuvo un premio de piano en 1866 y otro de Armonía dos años después. Allí, Rossini lo recibió en su círculo de amigos íntimos y Franz Liszt admiró su maestría al piano. En 1875, el capitán general de la Isla sospecha que Cervantes mantiene vínculos con los insurrectos, a quienes ofrece parte de sus ingresos, y le pide que abandone el país. Obligado a exiliarse en Estados Unidos, Cervantes compone en esos años el *Himno a Cuba*, y al alejarse de las costas que lo vieron nacer, escribió su *Adiós a Cuba*, una de las danzas más hermosas de nuestro repertorio. Una vez firmado el pacto de Zanjón, pide que se le autorice regresar para acompañar a su padre, gravemente enfermo, durante sus últimos días. Cuando estalla el conflicto 15 años después, tiene que refugiarse en México, en donde lo acogió el presidente Porfirio Díaz. Su prestigio ya se había acrecentado con 21 danzas escritas entre 1875 y 1895, de las cuales el musicólogo Cecilio Téllez, en un folleto publicado en el álbum *Cuba piano* del pianista Luiz de Moura Castro, nos dice que Cervantes «consideraba estas danzas como simples pasatiempos sin la más mínima pretensión de posteridad». El éxito desmiente las modestas palabras del compositor, ya que con el tiempo estas miniaturas que reflejan pertinentemente el espíritu cubano ganaron aún más popularidad en todo el mundo hispanoamericano. Las composiciones de Cervantes, tanto por su refinamiento como por su sensibilidad y elegancia, han inspirado desde entonces al auditorio y a los intérpretes de todos los tiempos. Tal vez por ello se le considera como el músico cubano más importante del siglo XIX.

Otro personaje imprescindible de ese fin de siglo fue el napolitano Orestes Ferrara (1876-1972), cubano de adopción desde que decidió ingresar en el ejército libertador tras frecuentar a los exiliados de París, Nueva York y Tampa. En esta última ciudad, antes de poder incorporarse a una de las expediciones rumbo a la isla, residió en la casa de la familia Sánchez. «Todos los patriotas desfilaban por esa casa» –nos dice–, «Fredesvinda y María Luisa, las hijas mayores de la pareja, eran el alma de las fiestas patrióticas: la primera, muy capaz en el arte de organizarlas; la segunda, conocida por sus dotes artísticos, pues cantaba e interpretaba el piano admirablemente». Con el fin del conflicto, Ferrara se convirtió en un hombre político de brillante carrera durante las primeras décadas de la República. Exiliado en Roma después de 1959, ciudad en la que falleció, nos dejó unas brillantes *Memorias* (publicadas por la editorial Playor, en Madrid, en 1975) que ofrecen un panorama bastante completo de aquellos años de exilio y de los conflictos contra España.

Una de las primeras expediciones navales durante la Guerra de los Diez Años, y la más importante también, fue la del *Perrit*, que el 11 de mayo de 1869, desembarcó en la bahía de Banes, provincia de Oriente, con unos 200 expedicionarios, encabezados por Francisco Javier Cisneros. A bordo, se encontraba el compositor José Lino Fernández Coca, autor de las contradanzas *Ecos del alma* y *Las tres Gracias*, quien se convirtió en teniente coronel del ejército mambí, antes de dedicarse por entero a la música.

Los músicos cubanos en París

La presencia de cubanos en la capital francesa desde principios del siglo XIX sentó las bases para la llegada más tarde de los exiliados políticos y de otros que, huyendo el clima de inestabilidad política, aprovechaban la circunstancia para completar estudios en París, en las disciplinas artísticas y científicas.

Sin lugar a dudas la primera que se destacó en la sociedad parisina fue María de las Mercedes Santa Cruz y Montalvo, condesa de Merlin, nacida en La Habana, en 1789. En su salón mundano se reunían Alfred de Musset, George Sand, Honoré de Balzac, Franz Liszt, Chopin, entre otros genios artísticos de la época, y se presentaba a menudo la cantante lírica conocida por su nombre artístico de María Felícita Malibrán, para cuyo padre, el tenor Manuel García, Rossini había escrito uno de los personajes de su célebre ópera *El barbero de Sevilla*.

La condesa de Merlin se instaló en París en 1813 y, si creemos lo que cuenta Domingo del Monte, era una cantante bastante buena que había ofrecido varios conciertos, primero para apoyar la lucha de los griegos en 1825 y, luego, la de los polacos en 1831. Hija del conde cubano de Santa Cruz de Mompox y San Juan de Jaruco, se convierte en condesa de Merlin al casarse con el general bonapartista Christophe-Antoine Merlin, edecán de Joseph Bonaparte, durante el periodo de ocupación napoleónica de la península ibérica. Tras el fin de la presencia gala en España, la pareja fijó su residencia en París. Toda la obra literaria prolífica de la condesa, en la que figuran los libros *Mis doce primeros años. Recuerdos de una criolla* (1838), *La esclavitud en las colonias españolas* (1840) y *La Habana* (1842), prologada por Gertrudis Gómez de Avellaneda, fue concebida en francés. Nada parece indicar que las actividades culturales de la condesa tuvieran alguna relación con la emancipación de la isla. La denuncia del sistema esclavista –del cual sus parientes en la colonia caribeña sacaban mucho provecho por poseer grandes dotaciones de esclavos– se debía más bien a su oposición al régimen español ya que había sido expulsada de la península tras el fin de la ocupación napoleónica.

Ya quedó evocada la estancia de Brindis de Salas en París, en donde fue discípulo de Charles Dancla, David y Camilo Ernesto

Sivari en el Conservatorio de la capital. Pero, al igual que Salas, otros músicos cubanos dejaron su huella a orillas del Sena, a donde vinieron para profundizar sus conocimientos. Fue el caso de Antonio Raffelin Estrada, director de orquesta y compositor habanero nacido en 1796, quien, durante su vida en París, entre 1836 y 1848, publicó tres sinfonías en un estilo deudor de Haydn. Al mismo tiempo, un compatriota suyo, Cristóbal Martínez Corres (1822-1840), el primero en crear una pieza para la escena lírica, compuso la ópera *Saffo*, tras encargo del empresario de La Scala de Milán. Su muerte prematura en Génova, en 1842, dejó a la ópera inconclusa.

En esa misma década Pablo Desvernine Legras (1823-1910), hijo de un comerciante francés de La Habana, siguiendo los consejos del músico alsaciano Jean-Frédéric Edelman, establecido en Cuba, asiste a los cursos de los profesores Dourlens, Thalberg y Kalkbrenner e interpreta sus propias creaciones en la prestigiosa Sala Pleyel de París. Asimismo, se observa gran cantidad de músicos provenientes de Santiago de Cuba e instalados en la capital de Francia, tal vez debido a la influencia de los colonos de Haití exiliados en la ciudad más importante del oriente cubano. Era el caso de Silvano Boudet Gola (1828-1863), quien estudió en el Conservatorio de París y compuso la contradanza *La retozona*.

Ya evoqué que José White (1836-1918), hijo de un comerciante francés matancero con una negra cubana, fue el músico de la isla más notable que vivió en el París del Segundo Imperio. Después de haber ganado diversos premios en el Conservatorio obtuvo allí la cátedra de Violín liberada tras la partida de su antiguo profesor Jean-Delphin Allard. Su notoriedad en los salones elegantes de la capital francesa era muy significativa cuando regresó brevemente a Cuba, en 1858, para enterrar a su padre. White tocó el 1° de mayo de 1864 en el palacio de las Tullerías, ante Napoleón III y Eugenia de Montijo. En 1785, durante otro viaje a la isla, se le acusó de llevar a cabo actividades en favor de la independencia y fue expulsado del país, rumbo a México, desde donde continuó su viaje hacia Venezuela y, finalmente a Brasil, en donde terminó siendo el director del Conservatorio Imperial.

White había recibido, al mismo tiempo que Cervantes, la orden de expulsión firmada por el capitán general de La Habana y ambos músicos terminaron por instalarse en el país azteca después de haber

47

acariciado la idea de hacerlo en Estados Unidos. En México, White ofreció un primer concierto en el Teatro Nacional de la capital, ampliamente comentado por la crítica local y elogiado por José Martí en las páginas de la *Revista Universal* del 25 de mayo de 1875. Años después, en 1888, se radicó definitivamente en la capital gala. En su libro *Tout m'est bonheur*, Isabelle de Orléans-Bragança, condesa de París y esposa del pretendiente al trono de Francia, recuerda los años de su niñez en que, durante las fiestas organizadas por la familia real, escuchaba a «un negro cubano de gran virtuosismo como violinista». Se trataba de White, y entre sus composiciones más hermosas figuran la *Marcha cubana*, *Seis estudios para cuarteto y cuerdas*, y *La bella cubana*, mundialmente conocida.

También se sabe de la presencia en el París de 1865 de Ignacio Cervantes y del habanero Gaspar Villate Montes (1851-1891) que termina sus estudios bajo la dirección de Bazin, Victorien Joncières y Dannhausser en el Conservatorio de esta ciudad. Fue entonces cuando el director del Teatro de los Italianos se interesó en él y le encargó la ópera *Zilia* con libreto del ferrarense Temistocle Solera, estrenada en 1877 y seguida, dos años más tarde por *La Zarina*, compuesta por Raffelin y con libreto del poeta Armand Sylvestre. Giuseppe Verdi, amigo íntimo de Villate, lo animó entonces a escribir una ópera sobre la trágica vida de Inés de Castro que finalmente no consiguió terminar.

Otro santiaguero destacado, el pianista y compositor Rafael Salcedo de las Cuevas (1844-1917), estudió en París con Mme. Châtelet y Le Coupey, y obtuvo el premio Aubusson. Regresó a Cuba en 1862 y compuso un *Himno antillano*, homenaje a las tres Antillas hispánicas que revela su interés por la causa independentista. Pero también habrá que recordar al pianista José Manuel Jiménez Berroa (1855-1917), nacido en el seno de una familia de músicos de origen africano de Trinidad, y a sus hijos Nicasio y José Manuel «Lico», quienes viajan con el padre a París en 1870. En todos los lugares en donde presentaron se les aclamó, y fueron invitados al castillo de Chenonceau, por Marguerite Pelouze, su propietaria de entonces. Curiosamente este castillo, uno de los más extraordinarios del valle del Loira, perteneció a la familia cubana Terry entre 1891 y 1913, año en que su última heredera, la cienfueguera María Natalia Natividad Terry Dorticós lo vendió a un antepasado de los propietarios actuales. Por su parte «Lico» tomó cursos en el Conservatorio de París y su hermano Nicasio se convirtió en profesor de violín en la ciudad Tours.

Aunque prácticamente ninguno de estos músicos tuvo una participación directa en los acontecimientos políticos de la colonia o del exilio, todos formaron parte de la red de cubanos que, en diferentes momentos, trabajaron o estudiaron en Francia. De ellos, solo Narciso López Frías, hijo del expedicionario Narciso López y sobrino del conde de Pozos Dulces, reclamó abiertamente la independencia de la isla. El himno patriótico que compuso en el exilio fue cantado durante el banquete celebrado por Comité Revolucionario Franco Cubano, el 24 de febrero de 1898.

La colonia cubana de París era posiblemente la más nutrida de Europa. La integraban médicos como Oscar Ameodo, Domingo Sánchez Toledo y Francisco Villar Cisneros; abogados como José Morales Lemus y José Valdés-Fauli; pensadores como José de la Luz y Caballero, José Antonio Saco, Vicente Mestre Amábile, Pedro José Guiteras Font y Domingo Figarola-Caneda; artistas como el pintor Guillermo Collazo, investigadores como Álvaro Reinoso o grandes latifundistas como las familias Cárdenas-Chappotín, Font, Almagro, Terry y Abreu. Muchos de ellos desempeñaron un papel importante durante las guerras de independencia. El profesor francés Paul Estrada dedicó a esta emigración el libro de ensayo *La colonia cubana de París*, en el que afirma que existía en la Ciudad Luz una especie de «cubanolandia».

No por gusto existen dos calles en la capital francesa que llevan los nombres de Carlos J. Finlay y de Severiano de Heredia, la primera en el distrito xv en honor del célebre médico cubano y, la segunda, recientemente inaugurada en el distrito xvii, para recordar a quien fuera alcalde de París en 1879, ministro, diputado y la primera persona mestiza que ocupó un puesto político de importancia en el Ayuntamiento de la ciudad. Y tampoco es una casualidad que fuera Cuba, junto a Argentina, el primer país de América Latina que construyó una residencia para sus estudiantes en la Ciudad Universitaria de París: la Casa Cuba (1933), fundada gracias a la donación dejada por la cubana Rosa Abreu de Grancher, por mediación de sus sobrinos Pierre y Lilita Sánchez Abreu.

INDEPENDENCIA Y REPÚBLICA

El fin de la guerra

Los insurrectos cubanos habían logrado implicar la parte occidental de la isla en el conflicto. En septiembre de 1895, el general dominicano Máximo Gómez Báez encabezó la rebelión de la provincia central de Las Villas apoyado por un ejército que, un mes más tarde, irrumpió en esta región después de haber logrado romper la trocha de Júcaro a Morón, un sistema de atalayas y cercos que cortaba a la isla en dos para evitar que los combates se extendieran a la otra parte. El 15 de diciembre de 1895, los mambises ganan la batalla de Mal Tiempo, la más importante de la guerra, cerca del poblado de Cruces. Esta victoria fue la que facilitó las incursiones insurrectas en las regiones de Matanzas y la llanura habanera, en donde ocuparon los poblados de Guara, Melena del Sur y Güira de Melena. El 22 de enero de 1896, el general Antonio Maceo, al frente de unos 1500 hombres, logró invadir el poblado de Mantua, el más occidental de todos, logrando de este modo que la guerra cubriera toda la isla.

Impotente ante la magnitud de las acciones militares de los mambises, el capitán general Martínez Campos renunció a su puesto. Su sustituto, el tenebroso general Valeriano Weyler aplicó, a partir de octubre de 1896, la tristemente célebre política de «reconcentración», para desplazar y concentrar en zonas específicas a familias enteras para evitar que colaboraran con los insurrectos. Las imágenes de estos campos de concentración, que junto a los que crearon los boers holandeses en Sudáfrica fueron los primeros de la Historia, despertaron la indignación del mundo entero. En Francia, el semanario *L'Intrinsigeant* de París es tal vez el mejor ejemplo, al mostrar la barbarie, las hambrunas, las expoliaciones y epidemias padecidas por los campesinos cubanos «reconcentrados» mediante numerosos reportajes fotográficos de gran calidad, como el de la edición del sábado 14 de mayo de 1898, en que se denunciaba los efectos lamentables. Se estima que unos 220 000 cubanos murieron en estos campos, el mayor genocidio de la historia de la isla. En diciembre de 2002, una asociación que fundé en París junto a otros compatriotas para celebrar el centenario de la instauración de la República, lanzó una campaña ante el Cabildo insular de Santa Cruz de Tenerife para que se retirara el nombre de Weyler de una de las plazas principales de esta localidad canaria. A pesar, de los ecos que la campaña obtuvo en la prensa y de las numerosas personalidades que firmaron y apoyaron nuestra iniciativa, el Cabildo nunca respondió a nuestra petición ni logramos nuestro objetivo.

España, en un esfuerzo colosal para conservar a toda costa la colonia, desplegó los medios nunca antes invertidos en todo el continente americano: 220 285 soldados reclutados en la península, bajo la divisa de Antonio Cánovas del Castillo de «por Cuba, hasta el último hombre, hasta la última peseta».

El 10 de diciembre de 1898, Estados Unidos y España firman el Tratado de París, poniendo fin a un conflicto militar en el que el gobierno de William McKinley había terminado por inmiscuirse pretextando la explosión, el 15 de febrero de 1898, del *Maine*, un acorazado americano que fondeaba en la bahía de La Habana, explosión sobre la que existen diferentes hipótesis. 51

En el Tratado de París, como lo deja ver el nombre de los signatarios, no tomó en consideración la larga lucha de los cubanos en favor de la emancipación. La negociación implicó la pérdida de la soberanía española sobre las islas de Cuba, Puerto Rico, Guam y el archipiélago de las Filipinas, entre otros territorios insulares del océano Pacífico, y por ello, del desmembramiento del otrora vasto imperio colonial. No obstante, en ninguno de los artículos redactados se evocaba el fin de la ocupación de estos territorios por Estados Unidos, ni las condiciones de la transferencia de poderes en favor de las antiguas colonias.

En estas condiciones, el Tratado de París, mediante el que los españoles dejaban entrever hasta qué punto preferían entregar la isla a otra potencia extranjera que permitir el establecimiento de un Estado soberano, probó hasta qué punto la metrópoli despreciaba los ideales independentistas de los isleños. Una actitud ante la que los cubanos les dieron buen escarmiento cuando, años después, aceptaron a miles de refugiados peninsulares durante la sangrienta y devastadora guerra civil española, sin contar aquellos que se establecieron en la isla durante las tres primeras décadas de la República, cuando reinaba en ella un clima de prosperidad y bonanza económicas contrariamente al de la península. Se trató de un movimiento migratorio aún poco estudiado. Sabemos que, entre 1902 y 1903, Cuba recibió a 778 481 emigrantes españoles, 190 067 haitianos, 120 989 jamaicanos, 34 897 norteamericanos, 20 543 libaneses y sirios (familiarmente llamados «turcos» por haber sido súbditos del Imperio Otomano), 13 937 puertorriqueños y 13 054 chinos, para un total de 1 284 232 extranjeros, según la publicación de la Secretaría de Hacienda, en su publicación *Inmigración y movimiento de pasajeros de 1903 a 1934.*

Los músicos y la instauración de la República

Durante los años de ocupación norteamericana prevaleció la incertidumbre sobre la verdadera independencia cubana. Las grandes personalidades de la guerra –José Martí, Antonio Maceo y Calixto García– habían fallecido y solo sobrevivía Máximo Gómez, quien se negaba a aceptar la presidencia de la República. Los sueños de soberanía recaían entonces en Bartolomé Masó, ex presidente de la República en Armas. Sobre Cuba planeaba la amenaza de un destino similar al de Hawaii, archipiélago anexado por Estados Unidos en 1898. Pero en el seno del propio gobierno norteamericano, varias voces se elevaron para reclamar la soberanía cubana, y una consulta popular se organizó junto a la redacción de una Constitución republicana, cuyos autores fueron escogidos por la población mediante un referéndum. El precio a pagar por esta concesión fue, evidentemente, la célebre Enmienda Platt, una especie de cláusula constitucional, que permitía futuras intervenciones militares estadounidenses en la isla si los intereses de Washington se veían amenazados.

El 20 de mayo de 1902, cuando la bandera cubana se izó por primera vez en el muy simbólico castillo habanero del Morro, el general Máximo Gómez, exclamó: «¡Hemos llegado!».

La historiografía cubana, en un afán de periodización de la institución republicana, ha nombrado «Vieja República» al periodo entre 1902 y la caída de Gerardo Machado, el 12 de agosto de 1933, y el breve epílogo presidencial de Alberto Herrera y Carlos Manuel de Céspedes Quesada. Esta no toma en cuenta, por supuesto, los años 1906-1909 en que se produjo una segunda intervención norteamericana, al final del gobierno de Tomás Estrada Palma, hasta que el 28 de enero de 1909 accedió al poder José Miguel Gómez y Gómez.

En el ámbito de la expresión musical, y en un sentido más amplio, en la vida artística en general, la instauración de la República significó una nueva dinámica en que surgen novedosas instituciones y también algunos géneros musicales, además de que permitió que los creadores desarrollaran plenamente su talento. El 4 de abril de 1900, durante el periodo de ocupación norteamericana, el Ayuntamiento de La Habana promulgó un decreto que prohibía que «las comparsas, también conocidas como tangos, cabildos o claves, así como otras asociaciones de este tipo que ostentan símbolos, alegorías y objetos que amenazan la seriedad de la cultura de los habitantes, [recorrieran] las calles de la ciudad». Quiere esto decir que, no porque el viejo poder colonial hubiera sido depuesto, la mentalidad y tolerancia evolucionaron en consecuencia con los nuevos aires de la nación.

Esta prohibición también incluía a los tambores de origen africano «en todas las reuniones, celebradas en la vía pública o dentro de las casas». Se trataba de un viejo conflicto criollo con respecto a los ingredientes étnicos de la población del país y el temor de que la cultura blanca terminara absorbida por la de origen africano, siendo la religión y la música sus manifestaciones visibles principales. Evidentemente, quienes promulgaron tales decretos ignoraban que la influencia afrocubana ya estaba muy arraigada en los géneros musicales que se escuchaban y bailaban en la isla desde hacía varias décadas.

No obstante, estas prohibiciones tenían un carácter más bien formal. Por un lado, la ley prohibía, pero por el otro los agentes del orden toleraban la existencia de tales manifestaciones. En este doble juego, no era raro poder asistir a las llamadas «arrolladeras» (un cubanismo utilizado para evocar un tipo de baile callejero al ritmo de diferentes instrumentos), fundamentalmente durante los periodos de elecciones, en que las congas encargadas de llevar a la calle este tipo de expresión contenían mensajes en favor de uno u otro candidato.

Durante las tres primeras décadas del siglo xx, la música cubana se desarrolló de manera espectacular. Desde principios de siglo el son, ritmo surgido en las montañas de Oriente y ampliamente influenciado por la percusión africana, logró llegar a La Habana, en donde se fundaron varios sextetos. Por otra parte, el ámbito de la canción tradicional, fundamentalmente de la llamada trova, también cobró mucho auge gracias a Sindo Garay, Manuel Corona, Miguel Matamoros, María Teresa Vera, Alberto Villalón e Ignacio Piñeiro, entre sus representantes más prolíficos. Creado en 1929 por el compositor Aniceto Díaz, el danzonete (un tipo de danzón, pero con letra), tuvo también una excelente acogida. E incluso, en lo relativo a la llamada música clásica, muchos de sus compositores se inspiraron en los ritmos afrocubanos para impregnarla de matices hasta entonces inéditos. Los mejores ejemplos fueron algunas de las piezas compuestas por Alejandro García Caturla, Gonzalo Roig Lobo, Ernesto Lecuona y Amadeo Roldán, quienes abrieron una nueva vía al reconocimiento de las influencias afrocubanas en la música en general.

Este periodo de crecimiento económico considerable y de cierta inestabilidad política también termina a fines de la década de 1920. En 1925, después del mandato de Alfredo Zayas, el general Machado, antiguo insurrecto contra el poder colonial, fue elegido presidente de la República. Durante su primer mandato, Machado emprendió obras públicas que dotaron a la capital de una imagen de ciudad moderna y próspera. También intentó estabilizar el Tesoro Nacional en un momento crítico debido al *crash* de la bolsa de Nueva York de 1929. Machado logró ser reelegido e intentó modificar la Constitución para que el periodo presidencial se prolongara más allá de los cuatro años previstos. Comenzó entonces un vasto movimiento contesv tatario en el ámbito universitario e intelectual, en que surgió el Grupo Minorista. A pesar de que en este tipo de organización no participaban directamente los músicos, sí se puede afirmar que muchas composiciones de la época llevaban un mensaje político en franca oposición al régimen y su situación política.

En estas condiciones, el gobierno de Machado obligó a exiliarse a numerosas personalidades. De esta época data el primer exilio de Alejo Carpentier (1904-1980), escritor y musicólogo que logró establecerse en París gracias a un pasaporte falso que le facilitó el escritor francés Robert Desnos. Carpentier había sido detenido después de firmar un manifiesto contra la prolongación del mandato presidencial y fue liberado cuando, el 6 de marzo de 1928, Desnos desembarcaba en el puerto de La Habana para participar en el Séptimo Congreso de Prensa Latina que se desarrollaría en la ciudad. A su regreso a París, Desnos publicó en el periódico *Le Soir*, entre los días 9 y 30 de abril de ese año, un conjunto de artículos sobre Cuba. Uno de estos, titulado «La admirable música cubana», se debía a la influencia de Alejo Carpentier quien introdujo al célebre intelectual francés en este ámbito.

Durante su exilio francés, Alejo Carpentier trabajó con ardor para que el auditorio parisino conociera la música de la isla. Y se convirtió en un testigo imprescindible de la primera oleada de ritmos cubanos en la capital francesa. Entre septiembre y noviembre de 1929, publicó dos artículos sobre el tema: «Letras de las Antillas» (en la revista *Bifur*, que dirigía entonces Georges Ribemont-Dessaignes) y «La música cubana» (en *Documentos*, bajo la supervisión de Georges Bataille). En ese momento, las revistas musicales de los teatros parisinos incluían piezas de Moisés Simons y Eliseo Grenet, presentes en París, en donde actuaban con mucho éxito. Las informaciones sobre esta oleada extraordinaria de ritmos antillanos en Francia las debemos a las crónicas que Carpentier publicaba con regularidad en el periódico *El Nacional* (Caracas) y en la revista *Carteles* (La Habana). Dichos artículos fueron compilados más tarde en un volumen titulado *Ese músico que llevo dentro* (1980).

En Cuba, el cierre de la Universidad de La Habana decretado por Gerardo Machado, así como la profunda crisis económica y política de principios de la década de 1930, provocó una auténtica hemorragia entre los estudiantes y académicos. Unos trecientos cubanos, encabezados por María Teresa Freyre de Andrade (1896-1975) cuyos tres tíos paternos habían sido asesinados en 1932 por la policía de Machado, llegaron a Francia. En París, Freyre de Andrade constituyó un verdadero movimiento político entre los exiliados cubanos y fundó el Comité de Jóvenes Revolucionarios, una célula del ABC, organización muy activa en la lucha contra la dictadura, fundada en 1931. Alejo Carpentier llamaba a su apartamento «la embajada cubana» y allí se citaban con frecuencia los médicos Ramírez-Corría y Enrique Hurtado Ureña o los pintores

Eduardo Abela y Carlos Enríquez. De esas reuniones surgió el texto *El terror en Cuba* (Ed. La Chotypographie, París, 1933), con prólogo del escritor Henri Barbusse y del filósofo John Dewey (para la traducción inglesa), y una nota introductoria redactada por María Teresa Freyre de Andrade acompañada por quinientas firmas que denunciaban la situación en la isla.

Emigración e internacionalización de la música: de La Habana a París y a Nueva York

El derrocamiento del régimen de Machado en 1933, no trajo la deseada estabilidad política a la isla. Entre 1933 y 1936 Cuba tuvo 12 presidentes (Alberto Herrera Franchi, 24 horas en el poder, el 12 de agosto de 1933; Carlos Manuel de Céspedes de Quesada, entre el 13 de agosto y el 5 de septiembre de 1933; una Pentarquía integrada por Ramón Grau San Martín, José Miguel Irisarri, Porfirio Franco Álvarez de la Campa, Guillermo Portela Moller y Sergio Carbó Morera; Ramón Grau San Martín (entre el 9 de septiembre de 1933 y el 15 de enero de 1934; Carlos Hevia de los Reyes Gavilán, 48 horas en el poder, del 16 al 18 de enero de 1934; Carlos Mendieta Montefur, del 18 de enero al 13 de diciembre de 1935; José A. Barnet Vinagras, del 13 de diciembre de 1935 al 18 de mayo de 1936 y Miguel Mariano Gómez Arias, del 20 de mayo al 24 de diciembre de 1936. No obstante, durante estos años la economía se recuperó gradualmente y se restituyó el orden constitucional. Fue en esta década en que se estableció la jornada laboral de ocho horas, se declaró la autonomía de la Universidad de La Habana, se nacionalizó la Compañía Cubana de Electricidad, se reconoció el derecho de los obreros a crear asociaciones y sindicatos, se promulgó la ley de Nacionalización del Trabajo que obligaba a los empresarios a contratar como mínimo un 50% de mano de obra nacional, el derecho de las mujeres al voto, la derogación de la Enmienda Platt, entre otras medidas que, en su mayoría, fueron adoptadas por iniciativa de Antonio Guiteras, Ministro de Gobierno durante la primera y efímera presidencia de Grau San Martín (1933-1934).

La situación generada por Gerardo Machado fue, paradójicamente, una de las razones que propulsaron la internacionalización de los ritmos cubanos, así como su fusión con la música afroamericana que ya había comenzado antes en que se habían tejido ciertos vínculos, desde mediados del siglo xix, entre la música del Caribe hispano y Nueva Orleans tras la visita a La Habana, en 1832, de Louis Moreau Gottschalk, un músico luisianés. Sin contar que hacia 1910, William Christopher Handy, creador del *blues*, viaja también a la capital cubana y tras este contacto crea *Saint Louis Blues*, una pieza en que se oye claramente la influencia cubana; así como Justi Barrero, pianista cubano, que toca con Sam Wooding o Jaime Prats, el fundador en 1922 de la Cuban Jazz Band, considerada como la primera agrupación de jazz de la isla. Sin olvidar al célebre pianista y compositor Nilo Menéndez (Matanzas, 1902–Los Ángeles, 1987), autor del bolero *Aquellos ojos verdes*, quien en la década de 1920 dirigía una orquesta que acompañaba la revista *Harlem Opera House*, en Nueva York, donde fundó la orquesta Stork Club y se había inspirado del jazz luisianés para su composición *Como quiera tienes que llorar*.

Orquestas cubanas en 1910

En una entrevista al compositor y clarinetista cubano Mario Bauzá (La Habana, 1911–Nueva York, 1993), de larga vida en esta última ciudad, cuenta que, a su llegada a la Gran Manzana, en 1930, la única orquesta cubana que jugaba un papel más o menos notorio era la de Don Aspiazu. Por otra parte, el pianista Alberto Socarrás (Manzanillo, 1908–Nueva York, 1987) se instaló a partir de 1929 en el barrio negro de Harlem, en donde se convirtió en el primer músico que tuvo cierto éxito al mezclar la música de origen latinoamericano con el jazz. Fue él quien inició a Dizzy Gillespie en la música cubana, mientras que Bauzá lo introducía poco después en la orquesta de Calloway, con la que graba *Cuban Nightmare*. La colaboración entre este monstruo sagrado del jazz neoyorkino y los músicos cubanos presentes en la gran urbe siguió manifestándose con numerosos ejemplos como sucedió con el gran percusionista Chano Pozo (La Habana, 1915–Nueva York, 1948) con quien compuso prácticamente todos los números entre 1946 y 1948, como *Cubana be, Cubana bob*, así como *Manteca, Tin Tin Deo, Guachiguara*, entre otros, hasta el trágico asesinato de Chano el 3 de diciembre de 1948 en la barra del Rio Café, de Lennox Avenue, entre las calles 111 y 112. Sobre Chano Pozo, y a título de recomendación, vale la pena consultar *Chano Pozo. La vida (1915-1948)*, de Rosa Marquetti Torres, Ed. Unos y Otros, Miami.

Acompañado por Antonio Machín –quien ya era célebre gracias a su interpretación de *El Manisero* de Moisés Simons– y de Don Aspiazu, Bauzá llega a Nueva York para codearse con los grandes y dar origen, años después, junto a su cuñado Frank "Machito" Grillo, al *cubop*, que nació de la influencia del jazz en la música cubana. Contratado primero por Chick Webb, y luego por Don Redman y Cab Calloway, Mario Bauzá introdujo en las piezas que tocaban dejes cubanos. Fue él quien presentó a Ella Fitzgerald a Webb, quien la contrató como cantante de su orquesta y convenció a Machito para que se uniera al grupo y fijara su residencia en Nueva York. De esta unión surgieron los célebres Afro-Cubans, agrupación fundada por Machito y Bauzá en 1939 y que tenía entre sus integrantes a Bobby Woodlen, los saxofonistas Johnny Nieto y José "Pin" Madera, el pianista Frank Gilberto Ayala, el bajista Julio García Andino, el bongosero «Bilingüe» y el timbalero Antonio Escollés, llamado «El Cojito» y que incluye, más tarde, al bongosero «Chino Pozo» (Francisco Valdés) y toca en el Mount Morris Theater, de East Harlem con los cantantes Miguelito Valdés y Graciela. La Afro-Cubans fue la orquesta emblemática entre las latinas de Nueva York en la que Bauzá tocará hasta la partida de Machito en 1975. Y también la primera en fusionar con éxito los arreglos de una big band de jazz con una sección rítmica afrocubana.

58

En 1943, a partir de una improvisación de *El botellero*, de Gilberto Valdés, Machito y Bauzá, compusieron *Tanga*, la pieza fetiche de los Afro-Cubans, un término del argot cubano para llamar a la marihuana y que significó, a la vez, el nacimiento del *cubop*.

Entre tanto, París también se convirtió en el otro polo hacia el que convergieron los músicos que huían de la recesión económica de la isla. De ese periodo, exactamente en 1927, data la llegada a Francia de uno de los músicos cubanos más prolíficos de todos los tiempos, Don (Emilio) Barreto, nacido en La Habana en 1909 y establecido en París en 1926, en compañía de sus hermanos, el pianista Marino Barreto y el percusionista y cantante Sergio Barreto. Los hermanos se presentaron en Le Boeuf-sur-le-Toit, y luego con el conjunto Black People, aunque también en el club Palermo (n° 42 de la calle Fontaine), que se llamó más tarde La Cabane Cubaine, así como en Chez Bricktop. En 1932, tocaron jazz y biguines en el Melody's Bar (calle Fontaine), a una manzana del célebre Moulin Rouge, a donde venía a oírle tocar el propio Django Reinhardt, quien ha reconocido la influencia de estos en su música. La primera orquesta cubana de Don Barreto estaba integrada por Filiberto Rico (clari- 59 netista), Isidro Rico (maracas), Marino Barreto (pianista), Emilio "Don" Barreto (guitarrista), José Riestra (contrabajo y esposo de la solista Chiquita Serrano), Florentino Frontella (percusionista), Sergio Barreto (vocalista y percusionista) y Juan Sablón (vocalista principal). Testimonios de la época cuentan cómo la rumba cus bana de la orquesta de Don Barreto fue desplazando, poco a poco, a los biguines, el *fox-trop* y otras danzas exóticas de entonces. La Columbia Records grabó varios discos y la inglesa Decca les ofreí ció un contrato de exclusividad, haciendo que viajaran a Londres para grabar *Negra consentida*, *Lamento esclavo*, *Chichi biguine*, entre otras piezas. En 1934, la orquesta partió todo el invierno a Cannes, con un contrato para tocar cada noche en el Casino de este balneario de la Riviera Francesa. En 1935, tocó en el cabaret La Belle Époque (antiguo Montmartre); en 1936 animaron los té bailables de la Villa de Este, en la localidad de Chantilly, no lejos de París, y un año después partió varias semanas a Italia, para tocar en el Casino de San Remo.

Es posible que hayan sido Filiberto Rico y su padre, el también clarinetista Isidro Rico, quienes trajeron la música cubana en esta época a la región de Isla de Francia. Tocaron primero en el club Le Journal, sito en el bulevar Pereire, n° 99, y luego, a partir de 1931, la orquesta constituida de Filiberto Rico grabó varias piezas cubanas, entre las que figuraban el exitoso *Manisero*, esta vez cantado por Mistinguette. Rico fundó su propia banda que bautizó con el nombre de Rico's Creole Band, debido a que entre sus músicos se encontraban varios antillanos como el trompetista guadalupeño Abel Beauregard. En esa época, tocaban en La Coupole de Montparnasse y en su repertorio se mezclaban armoniosamente diferentes ritmos del Caribe.

También en 1928 llega a Francia Rita Montaner, a quien proponen ese mismo año que remplace a la cantante Raquel Meller durante la programación del Casino de París.

Otro exitoso músico de entonces, el saxofonista Eduardo Castellanos, nacido en Manzanillo en 1908, fija su residencia en la capital francesa en 1929. Poco después llega el pianista y director de orquesta Oscar Calle (La Habana, 1900), quien graba infatigablemente entre 1932 y 1940, hasta que estalla la Segunda Guerra Mundial y se ve obligado, como muchos de estos músicos cubanos, a regresar a la isla. En su amplio repertorio se pueden escuchar las voces de Chiquita Serrano, Mery Brito, Abelardo González, "Pepito" y "Chepín" (antiguos integrantes de la orquesta de Don Aspiazu que se desintegró después de un largo contrato con el casino de Montecarlo y el cabaret La Plantation, de los Campos Elíseos parisinos).

Esta presencia de músicos cubanos en París hace que muchos de los clubes y centros nocturnos de los barrios de Pigalle y Montparnasse se vean obligados a anunciar en su cartelera a orquestas de la isla para atraer a los noctámbulos. El 12 de junio de 1934, se inauguró el cabaret La Cueva, cuya orquesta dirigía el gran trompetista y compositor Julio Cuevas Díaz (Trinidad, 1897–La Habana, 1975), autor de *El golpe de bibijagua* y *Tingo talango*. En dicha orquesta, tocaban el baterista Ernesto Grenet, así como su hermano Eliseo, quien era excelente pianista y compositor. En ese momento se estaba filmando en París la película *Orchidées noires* (Orquídeas negras), cuya protagonista era el cantante argentino de tangos Carlos Gardel, y el director pidió a Cuevas que interpretara *El Manisero* en un solo de trompeta. La sorpresa del músico cubano fue grande cuando al asistir a la primera proyección del filme descubrió que comenzaba justamente con su solo de trompeta. Josephine

Baker, por su parte, grabó en ese entonces *Espabílate*, una conga compuesta por el mismo Grenet.

En el París de esa década el gran Moisés Simons compuso la música de la revista *Toi c'est moi*, estrenada en Les Bouffes Parisiens y en donde cantaba la soprano Susan Graham. Las composiciones de Simons tenían mucho éxito y el cantante francés Jean Lumière interpretó un canto de esclavos compuesto por él y la cantante Jeanne Aubert, la pieza jocosa *Le cul sur la commode* (Las nalgas plácidamente sobre una cómoda), que se convirtió en una expresión popular para indicar que gracias a las vacaciones pagadas (una medida popular que databa de ese año de 1937) la gente podía «vivir como Carmelina», expresión equivalente en el español de Cuba a la frase que en francés, gracias a Simons, pasó al lenguaje corriente utilizado en Francia.

En 1937, la amenaza de la Segunda Guerra Mundial pone fin a este periodo de esplendor de la música cubana en Francia. La mayoría de los intérpretes abandona el país y regresa a Cuba, en donde las condiciones económicas y políticas habían mejorado tras la partida de Machado al exilio. Pero Don Barreto, un incondicional de la capital francesa (en donde falleció en 1997), decidió quedarse. A partir de diciembre de 1941, tras la entrada de Estados Unidos en la guerra, los alemanes realizaron varias redadas en que detuvieron a todos los norteamericanos y cubanos que se encontraban en París. En 1942, cuando tocaba en el cabaret Bobino de Montparnasse junto a su orquesta, Don Barreto fue detenido por los nazis e internado en un campo de concentración de Royallieu, cerca de Compiègne, ciudad al norte de París, en donde se encontraba internado también Harry Cooper, el trompetista granadino Arthur Briggs, Ricardo Bravo y el guyanés Paul Cordonnié, entre otros, y en que también se encontraba el bajista y violinista puertorriqueño Juan Fernández, quien, con menos suerte, falleció durante un bombardeo a ese campo en 1943. Allí permanecieron los restantes hasta 1945

Al regreso del campo de Royallieu los hermanos Barreto empezaron a amenizar en el Palais Chaillot los programas en que se cantaba la Lotería Nacional y a finales de esa década tocaban todas las noches en el Club des Champs-Elysées.

61

Esplendor económico y cultural de la República

Durante el quinquenio 1940-1945, La Habana se convierte en un polo hacia el que convergen no pocos europeos que huyen de los horrores de la guerra. El periodo representa un nuevo auge del ámbito cultural alentado por la estabilidad política. En 1940, bajo el primer gobierno de Fulgencio Batista Zaldívar, el país se dota de una Constitución ejemplar, la más avanzada y moderna de América Latina en ese entonces. En el universo de la plástica y las letras asistimos a una efervescencia antes nunca vista. Wifredo Lam, el gran pintor cubano del siglo XX, después de una larga estancia de diecisiete años, primero en España, luego en París, regresa a La Habana en 1941. Se encontraba junto a otros trescientos intelectuales franceses, entre los que figuraban Claude Lévi-Strauss, André Breton, Pierre Mabille, Max-Pol Fouchet, Victor Serge, entre otros, que embarcaron en el puerto de Marsella, a bordo del *Capitaine Paul-Lemerle*, en dirección de Martinica, una travesía que contó, junto a las condiciones de vida en el campo de detención en donde el

62 gobierno de Vichy los alojó antes del viaje, Claude Lévi-Strauss en su libro *Tristes tropiques*, (Ed. Plon, 1955).

Los lazos estrechos entre Lam y los surrealistas, además de su amistad con el poeta martiniqués Aimé Césaire, le permitieron, una vez instalado en La Habana, crear sólidos vínculos con los artistas cubanos y franceses en exilio. De estos intercambios surgió la traducción al español de *Cahiers de retour au pays natal*, importante libro de Césaire, traducido por la etnóloga cubana Lydia Cabrera. Asimismo, asistimos a la primera exposición de dibujos de Pablo Picasso en Cuba, concebida por el galerista parisino Pierre Loeb, incansable promotor de la cultura cubana en Francia, quien también se refugió en La Habana en esta época y publicó en París, tras su regreso a Francia al final de la guerra, *Voyages à travers la peinture* (Ed. Bordas, París, 1946), donde aborda la obra de Lam, Fidelio Ponce y del pintor español establecido en Cuba, Rafael Montoro. Esta primera mitad de la década de 1940, representó para Lam el reconocimiento internacional de su pintura, pero también lo fue para otros pintores nacionales como Mariano Rodríguez, René Portocarrero y Mario Carreño. En 1942, la galería neoyorkina Pierre Matisse expuso la obra de Lam acompañándola con un catálogo con prefacio de André Breton y, dos años más tarde, el Museo de Arte Moderno de Nueva York (MOMA) presentó la muestra *Modern Cuban Painters*, una selección admirable de las obras de pintores cubanos de esta segunda vanguardia. Dentro de la isla, también tuvieron lugar importantes exposiciones colectivas para las que la Dirección de Cultura preparó las salas del Capitolio Nacional.

Danza Afrocubana, obra del pintor Mario Carreño, 1943

En cuanto a las letras, este periodo significó el nacimiento del grupo literario más importante del siglo: Orígenes, fundado por José Lezama Lima, en 1944, al mismo tiempo que la revista de ese mismo nombre. Por otra parte, el dramaturgo cubano Virgilio Piñera escribe, bajo la influencia de Césaire, el largo poema *La isla en peso*, justo cuando La Habana recibió a la compañía teatral del francés Louis Jouvet y disponía de una Filarmónica dirigida, *à tour de rôle*, por directores tan prestigiosas como Erich Kleiber y Herbert von Karajan.

No ha de extrañarnos que este contexto excepcional tuviera una repercusión positiva en la música de expresión popular. Una constelación de grandes intérpretes y compositores apareció en las carteleras de cabarets y teatros de la isla. La modernización del viejo «son» oriental, un ritmo que solo interpretaban en las primeras décadas del siglo determinados sextetos y septetos, dio lugar a la aparición de los conjuntos. Numerosas agrupaciones de este tipo, como el Matamoros, el Casino y Todos Estrellas de Arsenio Rodríguez surgieron para satisfacer la demanda del público. En esta década se sitúa prácticamente la génesis del mambo como estilo bailable, un ritmo que recorrerá los escenarios de las revistas musicales más importantes del orbe, impregnando incluso el cine de Hollywood y Europa. El mambo, un producto musical que da fe de la voluntad creativa de músicos como Antonio Arcaño, Israel López Cachao y Arsenio Rodríguez, se afirmó en la década siguiente gracias al talento comercial de Dámaso Pérez Prado.

RESTAURANT GARDEN "SANS SOUCI"
ARROYO ARENAS ROAD   TELF. FO-7979   HABANA, CUBA

En los pequeños bares de La Habana proliferaban los *juke-boxes*, que los cubanos llamaban victrolas, máquinas con piezas grabadas que se escuchaban introduciendo una moneda por una ranura. Los cabarets como el Palermo, el Montmartre, el Sans Souci, el Casablanca o el Zombie Club (antiguo Eden Concert), cuyos espectáculos transmitía la RHC Cadena Azul, invitaban a sus escenarios a los grupos musicales y a los cantantes que los espectadores aclamaban. Las muy célebres y concurridas Academias de Baile (Galatea, Habana Sport, Sport Antillano, Club Social de

Buenavista, o la famosa Marte y Belona, en la esquina de las calles Monte y Amistad, entre otras) se convirtieron en viveros de artistas. En esta última, por ejemplo, La Sonora Matancera ganó poco a poco en popularidad hasta convertirse en la orquesta más exitosa de entonces. Por otra parte, los clubes de recreo privados (Country Club, Miramar Yacht Club, Vedado Tennis Club, Casino Nacional, La Concha, Club Náutico de Marianao), unos más o menos elitistas, además de los cabarets de hoteles como el Nacional, el Sevilla-Biltmore o el Plaza, sin contar los que siendo más modestos también tenían excelentes programas (Saratoga, Gran Hotel) acogían durante toda una temporada a una orquesta determinada, encargada de amenizar la sala de baile. Incluso las empresas vinculadas con la industria alimentaria, organizaban bailables en los jardines de sus sedes, evocados con nostalgia por los músicos que vivieron aquella época, que actuaban con frecuencia en los jardines de La Tropical (pertenecientes a la Nueva Fábrica de Hielo S. A. y propietaria de la cerveza de esta marca), en los de la Cervecería Internacional (en las afueras de Guanabacoa, propietaria de la cerveza Polar) o en la Quinta Bien Aparecida, los jardines de la fuente de agua mineral La Cotorra o los de San Francisco de Paula. Como si diversión rimara con alcohol, estas grandes empresas se convirtieron en cartas de presentación para la aceptación de los artistas por el público. Y las asociaciones culturales constituidas entre grupos de inmigrantes como el Centro Asturiano, el Centro Gallego o las de oficios (Club de Dependientes, Club de Ferreteros, Club de Profesionales de Miramar, Club Candado) u otras de intereses específicos (Casino Deportivo de Alfredo Hornedo, Club San Carlos, Automotor Club, Sociedad Nueva del Pilar, Jockey Club de Marianao), contribuían también a la difusión de la música y programaban para sus asociados una selección musical rigurosa y constantemente renovada cuyo repertorio contribuía a su propia notoriedad.

65

La modernización galopante de la capital, su esplendor económico y cultural, se hallan en su mejor momento en la década de 1950. Aunque el mérito de haber sido el iniciador de la televisión en Cuba corresponde al empresario Gaspar Pumarejo que lanza las primeras imágenes televisivas el 24 de octubre de 1950, por el Canal 4 (Unión Radio televisión CMBF), inaugurado por el presidente Carlos Prío Socarrás desde el Palacio Presidencial, el gran impulsor de este medio de comunicación fue, indiscutiblemente, Goar Mestre, quien funda CMQ-TV, el 12 de agosto de 1951. La calidad de los programas y espectáculos musicales presentados lo convierten en el canal de referencia de la isla, un reconocimiento que se extendió fuera de sus límites territoriales.

" La Tropical "
Salon alto del Castillo

Moorish Saloon at the Castle

Basta con hojear el repertorio telefónico de La Habana de aquella década o de leer un folleto turístico de entonces, en ocasiones ofrecido por las gasolineras Esso, para darnos cuenta de la gran cantidad de sitios nocturnos en donde los habaneros podían distraerse. Es en esta década que nació el cabaret Tropicana, considerado durante mucho tiempo, el mayor del mundo. También el teatro Blanquita cuyo aforo de 6600 personas superaba en 500 al del Radio City Hall de Nueva York, que hasta entonces era el mayor del planeta. Sin contar la gran cantidad de hoteles lujosos (Habana Hilton, Riviera, Capri) y menos lujosos, pero con programaciones musicales excelentes (Copacabana, Saint John's, Flamingo) cuyos bares rivalizaban con los mejores *night clubs* como Las Vegas, el Reloj Club o el Ali Bar o aquellos de reputación dudosa o poca monta, en donde se reunían a altas horas de la noche tanto tahúres y trasnochadores como estrellas de Hollywood y grandes damas y señores, como el llamado Las Fritas (un tugurio de los años 1930 en donde no paraban de freírse bocadillos que terminaron por dar nombre a «la frita», una de las especialidades de la cocina cubana y en donde, por cierto, estuvo varias veces Federico García Lorca, embelesado por los sones que allí se tocaban, durante su estancia en La Habana). Las Fritas como local precursor de otros como La Taberna de Pedro, La Choricera, El Niche, Los Tres Hermanos, El Pennsylvania, El Paraíso, el Rumba Palace, todos en la Playa de Marianao, en donde reinaba ya desde entonces un tal Silvano Shueg Hechavarría (Santiago de Cuba, 1900–La Habana, 1974), conocido como El Chori, percusionista sin par, excéntrico, precursor de los grafiteros de hoy, creador de extravagantes escenografías (que hoy llamaríamos *performances*) y del automárketing del que, por suerte, han quedado algunas imágenes en las películas *Un extraño en la escalera* (1955) con Arturo de Córdoba y Silvia Pinal y *La pandilla del soborno* (1957), con Errol Flynn, Pedro Armendáriz, Guillermo Álvarez Guedes, Carlos Mas, Velia Martínez y Aurora Pita, así como el controvertido cortometraje *PM* (1961), de Orlando Jiménez Leal y Sabá Cabrera Infante. Hasta allí fueron, solo por verle actuar, Ava Gardner, Toña la Negra, Lucho Gatica, María Félix, Agustín Lara, Marlon Brando, Tennessee Williams, Cesare Zavattini o George Gershwin, quien confesó en una carta a su amigo George Pallay: 67

> Pasé dos semanas histéricas en La Habana, en las que, insomne, apenas dormí, pero la calidad y cantidad de entretenimiento que viví valían la pena… Cuba ha sido de lo más interesante para mí, por sus pequeñas orquestas de baile, que tocan los ritmos más complejos de la manera más natural. Espero volver cada invierno…

Sitios inolvidables que se encargó de borrar de la faz de la tierra el llamado Plan de Saneamiento de la Playa de Marianao, decretado por el gobierno revolucionario en 1963 en que no quedaba ya ni chorizo para las fritas, ni Choricera para ver tocar al Chori.

En esa misma época el piloto de caza y barón húngaro Sepy Dubronyi (Hungría, 1922–Miami, 2010), quien había llegado a La Habana durante la Segunda Guerra Mundial, convenció en 1951 a Ángel Martínez, el propietario de una bodega en la calle Empedrado para que abriera un restaurante en el que se diera cita la bohemia que él invitaba a un taller de joyería que también funcionaba como galería de arte y tienda de *souvenirs* que tenía en la plaza de la Catedral. Así nació La Bodeguita del Medio y por allí desfilaron decenas de personalidades del cine, la literatura y las artes en general, provenientes de Estados Unidos y otros lugares del orbe. Dubronyi partió de Cuba, como un exiliado más, en 1959 y, desde entonces, vivió en Coconut Grove con la comunidad cubana del sur de la Florida con la que siempre mantuvo estrechos vínculos.

Le siguió luego el periodo de invención del chachachá, un ritmo creado en 1951 por Enrique Jorrín, violinista de la orquesta América y cuya primera pieza se titula *La engañadora*. El chachachá por una parte, y el mambo por otra, permitieron que sobrevivieran, e incluso se renovaran, las orquestas llamadas charangas, como la Ideal, Siglo XX, Melodía del 40, Gris, la Charanga de Belisario Díaz, la de Cheo Belén, la de Joseíto Valdés, entre otras.

La Habana era una ciudad de tolerancia, en donde todos, sin que importara su origen social, encontraban su lugar. En el centro neurálgico moderno de la ciudad, el barrio de La Rampa, tantas veces descrito por Guillermo Cabrera Infante en sus *Tres tristes tigres*, abundaban los barcitos con sótanos en edificios recientemente inaua gurados en el estilo internacional a la moda. El público, influenciado por el gusto norteamericano de los piano-bares, asistía a las noches temáticas del feeling o del jazz, mientras que, en la parte más antigua de la ciudad, en los barrios de Colón y San Isidro, abundaban los prostíbulos y lugares de tolerancia, que revelaban la libertad practicada en la capital y de la que muchos visitantes hablan. Así, por ejemplo, existían establecimientos para homosexuales como el Cabaret Colonial y La Palette. Era esa la ciudad que asombró al Federico García Lorca y en donde le gustaba perderse a Tennessee Williams, sin contar las estrellas de Hollywood que llegaban para asistir a los espectáculos pornográficos del teatro Shanghai, en pleno barrio chino de Zanja, en donde un tal Superman, un negro con un sexo desmesurado, eyaculaba en el escenario bajo una lluvia de aplausos por parte de los espectadores.

Emborrachados con tanta diversión y pasatiempos, los habaneros apenas prestaron atención al golpe de Estado de Fulgencio Batista el 10 de marzo de 1952. En términos de política, se observaba una apatía y cansancio generalizados. La gente parecía decidida a pasarla bien a toda costa y a no dejar que el vaivén de la política y de gobiernos corruptos les aguara aquella fiesta. En estas condiciones, la famosa huelga general convocada por la Central de Trabajadores de Cuba sufrió un fiasco absoluto y los partidos opuestos a las maniobras de Batista no lograron movilizar a la opinión pública. Los esfuerzos llevados a cabo por ciertas personalidades para denunciar a la administración fueron prácticamente olvidados tras la muerte trágica de Eduardo Chibás, líder y fundador del Partido Ortodoxo. La malversación fue la punta de lanza de Chibás que trató de denunciarla públicamente desde su emisión radial. Su divisa fue «vergüenza contra dinero» y su partido adoptó como símbolo una escoba para barrer toda la corrupción gubernamental. En uno de sus discursos radiales había prometido aportar pruebas que no pudo reunir, y en pleno programa, con los micrófonos abiertos, se pegó un tiro en gesto desesperado, un 5 de agosto de 1951. Con su muerte, pocos días después, las esperanzas en una sociedad más justa se esfumaban. La vía quedaba libre para el golpe contra Carlos Prío Socarrás.

Incluso así, y paradójicamente, este periodo se caracterizó por un auge evidente de los sectores económicos, la salud, la educación y el turismo, colocando al país en una posición privilegiada en el contexto latinoamericano. En 1952, visitaron la isla unos 220 000 turistas que dejaron más de 48 millones de dólares durante su estancia. Un año después, la cantidad ascendió a unos 231 000 visitantes que dejaron más de 51 millones de dólares (*Libro de Cuba*, Edición Conmemorativa del Cincuentenario de la República, artículo «Instituto Nacional del Turismo», de Orencio Nodarse, p. 710).

Este periodo, marcado por avances evidentes en el ámbito económico, sanitario y educativo, que colocaba a la isla en una situación privilegiada en el contexto latinoamericano, significó también una regresión desde el punto de vista político. Aunque después del golpe de Estado, Fulgencio Batista tomó algunas medidas para darle un barniz de democracia a su gobierno (elecciones de 1954, amnistía de prisioneros políticos, etc.), el malestar se hacía sentir sobre todo entre los estudiantes y los sectores intelectuales. A partir de 1956, fecha en que comienzan las primeras escaramuzas en la Sierra Maestra, el movimiento contestatario comenzó a ganar terreno, poco a poco y, en ocasiones, mediante acciones terroristas perpetradas por grupos opositores clandestinos que operaban en las grandes ciudades. Sin un programa definido, y menos aún con pretensiones «revolucionarias», el movimiento antibatistiano solo pretendía el restablecimiento de la democracia.

En París, por ejemplo, se había formado un pequeño grupo de artistas e intelectuales, entre los que figuraban los pintores Loló Soldevilla y Fayad Jamís, los escritores José Álvarez Baragaño, Nicolás Guillén, Félix Pita Rodríguez y Nivaria Tejera, entre otros, que habían abandonado la isla por razones políticas, aunque nunca lograron constituir un grupo homogéneo para denunciar en el exterior la situación. Algunos de ellos lograron publicar a orillas del Sena sus primeros libros: *Cambiar la vida*, de Baragaño (*Le Soleil Noir*, 1952), *Les étrangers dans la ville* y *Un cri sur le rivage*, de Eduardo Manet y *Le ravin* (*El barranco*), de Nivaria Tejera (Lettres Nouvelles, 1958). Una publicación de la época, *La Revue française*, ofrecía, en su edición de septiembre de 1954, un dosier de unas 20 páginas, convenientemente ilustradas, celebrando al ambiente de bienestar en la isla, con miras a atraer a los inversores franceses. El escritor Enrique Serpa, cuya obra ha sido un poco olvidada, realizaba en ese mismo dosier una semblanza positiva de Batista y evocaba el golpe

de Estado pacífico de 1952, en el que no se había derramado ni una gota de sangre (algo cierto), pero sin preocuparse realmente por la legitimidad del acto. En otro artículo, esta vez apócrifo, aunque narrado en primera persona, el cronista elogiaba las delicias de los ritmos cubanos «mitad españoles, mitad indios» [sic] que músicos como Moisés Simons y Ernesto Lecuona habían logrado imponer en el Viejo Mundo.

A pesar de la situación política, muchos de los que vinieron a Francia en la segunda mitad de la década de 1950 se habían beneficiado con el sistema de becas que les permitía completar sus estudios en sitios tales como la Cité Universitaria de París. Muchos de ellos, confesaron después que había sido la dictadura batistiana lo que les había obligado a partir, aunque en realidad las becas que obtenían eran parte del programa de ese gobierno para estudiantes de arte, música y otras disciplinas. En Cuba, parte de la población desconfiaba de aquel mulato que había usurpado el poder y temían un tipo de gobierno como el de Leónidas Trujillo, en República Dominicana, eternizado en el poder. En Miami, los hombres del séquito de Carlos Prío Socarrás, el presidente depuesto, denunciaban al gobierno ilegítimo que los había condenado al exilio, y entre los más cercanos al poder, pero solo Felipe Pazos, presidente de la Banca Nacional de Cuba y Justo Carrillo, presidente del Banco de Desarrollo Agrícola, dimitieron.

Hoy en día, resulta difícil ignorar la enorme publicidad que para la lucha armada en las montañas de Oriente significó el reportaje periodístico de Herbert Matthews, publicado en *The New York Times*, el 24 de febrero de 1957. No en balde, durante algún tiempo y para captar lectores, ese mismo periódico desplegó, años después, una campaña publicitaria en la que se podía ver una foto de Fidel Castro acompañada de un texto que decía: "I've got my job throught the *New York Times*" (Encontré mi trabajo gracias al *New York Times*). A partir de enero de 1959, los principales periódicos y revistas del orbe se hicieron eco de la llegada de los «barbudos» al poder. *Paris-Match*, por ejemplo, en su edición n° 509 del 10 de enero de 1959, dedicaba su portada a la epopeya cubana e invitaba a sus lectores a consultar el dosier con artículos de André Saint-Georges ("J'ai vécu la victoire de Castro", pp. 10-19) o de Marie-Hélène Viviès con fotografías de Daniel Camus ("La Havane prend feu", pp. 20-25). Y en un número anterior, del sábado 19 de abril de 1958, esta misma revista publicaba el artículo "Fidel Castro le maquisard", de Enrique Meneses, Michel Duplaix y Paul Slade. En francés «maquisard» hace alusión a los guerrilleros corsos o de otras partes de Francia que, en ocasiones, se han alzado en los montes para combatir determinado régimen político. A decir de la investigadora francesa Jeannine Verdès-Leroux: «En esa victoria, la prensa desempeñó un papel fundamental: manipulaba en positivo la imagen de Castro, en negativo, la realidad del régimen de Batista» (*La lune et le caudillo. Le rêve des intellectuels et le régime cubain (1959-1971)*, Ed. Gallimard, París, 1989).

En 1958, a pesar del recrudecimiento del conflicto la economía cubana mostraba aún índices superiores a los de los años posteriores. En el ámbito cultural, el balance también era favorable. Si hojeamos el *Boletín de Artes Visuales* correspondiente a septiembre de 1958, una especie de cartelera de eventos culturales de la capital cubana, podemos observar que unas 25 exposiciones de pintores nacionales e internacionales iban a ser inauguradas. En cuanto al séptimo arte, se estrenaron unos 458 filmes, se exhibió por primera vez una película mediante el sistema «cinerama» y se estrenaron las dos primeras salas de autocine: Novia del Mediodía y Vento, en las que los espectadores podían ver la pantalla desde sus autos.

En cuanto a la música de expresión popular el acceso de los cubanos a ésta y a la información en general estaba garantizado por unas 145 cadenas radiales y, existía una prensa especializada en el ámbito artístico, encabezada por la revista *Show*, editada por Carlos M. Palma, con corresponsales en Barcelona, Madrid, New York, Buenos Aires y otras ciudades.

El éxito de dos cantantes excepcionales, hasta entonces poco conocidas, revela el esplendor de la noche habanera justo antes del triunfo de la revolución de 1959. La primera, Fredesvinda García Valdés (Céspedes, Camagüey, 1933–Santurce, Puerto Rico, 1961), cuyo nombre comercial era Freddy, representaba perfectamente a la muchacha de provincias que se instalaba en la capital para mejorar su condición económica y alcanzar el reconocimiento del público. Testimonios como el de la compositora Marta Valdés o el del escritor Guillermo Cabrera Infante, recuerdan que trabajaba de día en la casa de personas acomodadas y que, de noche, cantaba en bares como El Celeste (en la esquina de Infanta y Humboldt), en donde interpretaba un repertorio de conocidos boleros con poderosa voz y estilo único. En 1959, los músicos del conjunto de Facundo Rivero y Carlos M. Palma, gurú de la noche capitalina, «descubren» a este «fenómeno musical». Se la presentaron entonces a Humberto Anido, productor de las revistas musicales del cabaret Salón Rojo, del hotel Capri, quien la contrató inmediatamente para su espectáculo *Ajiaco a la francesa*. «Freddy» con su imponente presencia de 140 kilogramos y su cara de luna llena, a decir de Senobio Fraget, cautivó inmediatamente al auditorio, provocando el mismo efecto que las grandes divas del jazz como Ella Fitzgerald y Billie Holiday.

Al final de su participación en esta revista, el éxito de Freddy había sido tan rotundo que Gustavo Roig, director artístico del cabaret Pasapoga, en Caracas, le propuso un contrato. A su regreso a La Habana, en 1960, la cantante dio varias entrevistas y fue invitada a la emisión televisiva *Jueves de Partagás*, un trampolín necesario para alcanzar la notoriedad en toda la isla. Pero los vientos que corrían ya no eran favorables al tipo de música que Freddy interpretaba y la cantante salió de gira, después de haber grabado con la orquesta de Humberto Suárez el primer y único álbum de su carrera que llevaba por título su propio nombre artístico: *Freddy*, grabado por el sello Puchito y cuya primera reedición vio la luz 30 años después en Miami, por el sello Antilla como *Freddy, la voz del sentimiento*. En aquel entonces, Rodney, ex director artístico del cabaret Tropicana, intenta lanzar desde Miami una gira de la estrella que no logrará concretizarse debido a la invasión de bahía de Cochinos. Freddy viaja entonces a México y reaparece poco después en Puerto Rico, invitada por el compositor cubano ya exiliado Roberto "Bobby" Collazo. Cantó entonces en algunos clubes de San Juan antes de fallecer prematuramente, a los 28 años de edad, debido a un paro cardíaco, un 31 de julio de 1961, en la entonces localidad de Santurce, uno de los barrios periféricos de San Juan.

El caso de Freddy revela, sin dudas mejor que cualquier otro, los cambios profundos que empezaban a ocurrir en la isla a partir de la toma de poder de los «barbudos» y durante los tres primeros años de régimen de Fidel Castro. En efecto, la trayectoria efímera y fugaz de Freddy fue probablemente el último ejemplo de funcionamiento eficaz, en cuanto a efectos publicitarios y construcción de las estrellas del ámbito musical, de la industria artística cubana, capaz de presentar en poco tiempo a un artista ante su púbico y de garantizar, casi inmediatamente, su populaε ridad a escala nacional. Los vaivenes de su breve carrera, entre La Habana, Caracas, México, Miami y Puerto Rico, dejan entrever hasta qué punto la capital cubana, otrora centro neurálgico de la música en el continente, estaba mutando, en detrimento de su propia notoriedad. El olvido posterior en el que tras su muerte cayó Freddy, a quien solo la evocaban algunos pocos coleccionistas que se llevaron consigo al exilio un ejemplar de su único disco, prueba el proceso de descomposición de la memoria colectiva a partir de la etapa de radicalización de la gesta revolucionaria de 1959. El nuevo gobierno, dando borrón y cuenta nueva a todo lo referente al pasado, condenó al olvido a aquellos artistas cuya forma de expresión no encajaban con los nuevos ideales o que representaban, según los nuevos valores, las «taras» de la época anterior. Muchos de ellos fueron desapareciendo también del recuerdo de quienes se quedaron en la isla y solo perduraron en el recuerdo de los que habían partido al exilio.

Tal fue el caso de otra extraordinaria cantante, entre las más legendarias de Cuba, que emergió justamente en el mismo momento en que lo hizo Freddy. Se trata de Guadalupe Victoria Yoli Raymond, a la que nadie conoce por su verdadero nombre, sino por el de La Lupe, con el que comenzó a presentarse desde muy joven, en el barrio santiaguero de San Pedrito, provincia de Oriente, en que se piensa nació hacia 1929. A La Lupe le llamaban también «La Yiyiyi» o «The Queen of Latin Soul» y desde los comienzos de su carrera musical en 1953, recibió diversos calificativos pues nadie permanecía indiferente a su manera espectacular y única de interpretar los boleros, pero sobre todo de comportarse en el escenario. Más tarde, cuando comenzó en realidad a darse a conocer en el ámbito de la noche habanera, el escritor norteamericano Ernest Hemingway, quien residía todavía en su Finca La Vigía, en el suburbio habanero de San Miguel del Padrón, la llamaría «la creadora del arte del frenesí»; y el pintor Pablo Picasso la calificaría de «genio», mientras que el filósofo francés Jean-Paul Sartre, años después y de paso por La Habana con su esposa cuando fue invitado por Fidel Castro para que viera con sus propios ojos «su revolución» exclamó al verla en uno de sus conciertos en un club de La Habana que era «un animal musical».

El Chori, Freddy y La Lupe, cada uno con un estilo propio, fueron sin dudas nuestros más excéntricos artistas de la primera mitad del siglo xx. Pues no solo rezumaban talento, sino que tenían un sentido innato de la escenificación. Desde sus primeros conciertos La Lupe contribuyó con sus gestos y movimientos a caldear el ambiente de la sala. Había comenzado su carrera musical como cantante de la orquesta de Pancho Portuondo, en Santiago de Cuba, ciudad en donde resultó ser la ganadora del concurso que dirigía la revista *Luz y Sombra*, que apoyaba el animador radial Guzmán Cabrales. Poco después, consiguió un contrato y cantó en el Copa Club y en otros centros nocturnos de su ciudad natal, como el Ciudamar Yatch Club y el Country Club. Luego, volvemos a encontrárnosla instalada ya en La Habana, en donde es la cantante del grupo Los Tropicubas, del que fue excluida por su comportamiento poco profesional. La anécdota es auténtica pues todo el mundo describe los excesos de La Lupe, quien gemía imitando orgasmos, se revolvía el cabello, se arañaba y fingía ripiarse la ropa y era capaz incluso de quitarse un zapato para emprenderla con el piano o con el pianista, en lo que se pudiera considerar hoy en día como un *happening* musical similar al de ciertos cantantes de rock una década después. Sin contar sus sucesivos retrasos o ausencias a ensayos y actuaciones.

Ninguna otra cantante cubana ha alimentado tanto el imaginario como La Lupe. Sobre su existencia legendaria se han tejido muchos mitos y es tal vez esa la razón por la que el cineasta español Pedro Almodóvar, quien siempre quiso dedicarle una película sin que, hasta la fecha, haya materializado su deseo, reeditó muchas de sus interpretaciones en tres álbumes que produjo él mismo con el sello Manzana (*Laberinto de pasiones*, Madrid, 1992 / *Al borde de un ataque de nervios*, La Laguna, Tenerife, 1993 / *La ley del deseo*, La Laguna, Tenerife, 1999), pues varios son los temas que acompañan sus películas más famosas, ajustándose perfectamente al espíritu de la narración cinematográfica.

Si de algo no queda duda alguna, al menos durante el periodo de cambios revolucionarios que evocamos, es que La Lupe era un personaje incómodo. Su éxito comenzó justo en el momento en que la revolución triunfó, pero su actitud, su excentricidad y su estilo sobrepasaron los límites que imponía la nueva moral social. La Lupe era demasiado libre. En una entrevista concedida al periodista Rafael Viera, la cantante contó los problemas que había tenido en Cuba antes de que la expulsaran prácticamente de la isla. Fue la revista *Bohemia*, rememora entonces, quien avivó la polémica según la cual se le tildaba de ser un «caso psicosomático» que dividía al público, unos a favor y otros en contra. Una secretaria de Fidel Castro, enviada expresamente por este, llegó un día a los estudios de Radiocentro-CMQ para hacerle entender que la «era del lupismo» había terminado y que debía irse del país si quería seguir cantando. Su imagen era, según las propias palabras de la mensajera, muy «nociva» para la revolución.

Antes de irse definitivamente de Cuba en 1962, La Lupe cantó en el club habanero La Red, en El Vedado. Como Freddy solo tuvo tiempo de grabar un solo álbum en la isla: *Con el diablo en el cuerpo*, título de un calipso del compositor Julio Gutiérrez, a la vez que apodo por el que ella llamaba a uno de los ingenieros de sonido con quien tenía una relación amorosa (El Diablo), ya que tener al «Diablo» en el cuerpo significaba que lo tenía muy dentro. En ese mismo disco, se le oye dar golpes, gemir y alcanzar momentos de paroxismo bastante provocadores para la época. La grabación de *Fever* es frenética, tanto como la de *Crazy Love*, la célebre composición de Paul Anka, que La Lupe cantó mezclando ya, desde Cuba, el español con el inglés. Memorable también y de este mismo compositor es *So It's Goodbye*.

El disco, como el de Freddy, permaneció durante mucho tiempo en el olvido, al punto que muchos cubanos de mi generación cuando oíamos desde la isla algunas de las piezas interpretadas por La Lupe pensábamos que se trataba de una cantante mexicana excéntrica y poco conocida. En 2001, el cineasta cubano Juan Carlos Cremata se atrevió a utilizar como fondo musical para el comienzo de película *Nada*, producida en la isla, la interpretación de *Qué te pedí*, de La Lupe, con un plano general de la calle Línea del Vedado habanero. Durante todo ese tiempo la cantante que había seguido deleitando durante décadas de exilio al público latino de Nueva York era una perfecta desconocida para la generación de quienes, como yo, habíamos nacido después de 1960 y permanecíamos en Cuba dos o tres décadas después.

El estilo de La Lupe significó un avance premonitorio del estilo que logrará imponer en la década de 1960 en Nueva York: una mezcla de *soul* norteamericana salpicada de sensualidad cubana, en la que no existen barreras entre el inglés y el español. La Lupe se convirtió –y es algo que mencionaré cuando hablemos de la música cubana en el exilio– en la primera embajadora del *spanglish* y en uno de los grandes misterios de nuestra música, hasta ahora no del todo revelados.

REVOLUCIÓN Y EXILIO

En los «limbos» que anteceden la instauración del socialismo (1959-1961)

Los líderes de la gesta revolucionaria que triunfó el 1° de enero de 1959 habían anunciado a voz en cuello que aquella revolución «era más verde que las palmas», una forma de tranquilizar a la población que temía que el movimiento convirtiera a la isla en un apéndice más de la Unión Soviética y del bloque socialista bajo su tutela.

No obstante, una de las primeras enmiendas que el nuevo gobierno adoptó fue la que autorizaba la confiscación de bienes como medida penal, algo que no se había vuelto a aplicar en la isla desde los desmanes cometidos por el poder colonial español. Por otra parte, la pena de muerte, abolida por la Constitución de 1940, fue restablecida: en nombre de la «revolución», el nuevo gobierno ejecutó primero a los militares o las personas directamente implicadas con el régimen de Fulgencio Batista, y luego, a otras personas consideradas como «traidores» por haber denunciado ciertas arbitrariedades o excesos cometidos al amparo del nuevo orden. Los juicios se desarrollaban de manera expeditiva. El vulgo daba su veredicto, a veces desde las gradas de un estadio de béisbol, y, como en un coliseo romano, y en medio de vociferaciones e improperios. La suerte del condenado podía quedar saldaba bajo los gritos enardecidos de «¡pelotón!». El periódico oficial *Revolución* y su suplemento cultural *Lunes de Revolución* se encargaban de justificar aquellos crímenes y de pedir más, a la vez que intentaban tranquilizar a quienes veían con estupor el giro trágico e irreversible de los acontecimientos.

Las medidas demagógicas (o populistas) que tomaron entonces personas que no tenían ninguna noción del funcionamiento de la economía, hundieron poco a poco al país en la confusión y el caos. Durante los tres primeros años posteriores al triunfo revolucionario, la economía cubana sufrió una enorme metamorfosis: en 1960, el 70% de la producción ya estaba en manos del Estado. El análisis de los grandes cambios económicos y sociales de este periodo no es materia de este libro. Estos han sido ampliamente abordados por numerosos autores, tales como Hugh Thomas, Juan Clark o Jeannine Verdès-Leroux. No obstante, resulta muy útil evocar las medidas radicales que tuvieron una consecuencia inmediata en el empobrecimiento de la vida cultural cubana, fundamentalmente en el ámbito de la música de expresión popular.

En febrero de 1959, el número 4 de la revista *La Quincena*, órgano de la Iglesia católica, lanzaba la señal de alarma: la prohibición de los *juke-box* (o victrolas) en las cafeterías, bares y bodegas, significaba la pérdida de recursos esenciales para unos 5 mil cubanos. En ese mismo número se hablaba de la reapertura (aunque no por mucho tiempo, como veremos después) de los casinos y las salas de juego, tras las protestas de miles de empleados cuya supervivencia dependía del funcionamiento de aquellos establecimientos. La revista había optado por una línea editorial más bien de neutralidad, pero a pesar de ello, fue censurada y cerrada en enero de 1961.

Aunque la meta final era imponer una prensa oficial monolítica, el nuevo gobierno no pudo del día a la noche prohibir todas las publicaciones o emisiones de radio y televisión que existían. El método persuasivo iniciado por los primeros fusilamientos o encarcelamientos, así como las primeras purgas, obtuvieron los efectos deseados, ya que muchas publicaciones se fueron quedando sin el personal necesario para garantizar su funcionamiento. A los redactores o periodistas que abandonaban el país se les aplicaba la enmienda relativa a la confiscación de bienes. Ese fue el caso de alguien a quien entrevisté justamente sobre este tema, el compositor y periodista Rosendo Rosell, quien al perder todas sus fuentes de ingreso tras el cierre de los programas que animaba en la radio y centros nocturnos, se exilió en Miami en 1961. Al salir del país se le aplicó mediante esta enmienda la confiscación de la casa que había mandado a construir pocos años antes, en la playa de Santa María del Mar, al este de La Habana, gracias a su esfuerzo como periodista y animador cultural.

En 1959, fueron nacionalizados periódicos como *Ataja*, *Alerta* y *Pueblo*, afines al régimen de Batista, y un año después, en enero de 1960, se decretó que los artículos publicados en cualquier otro periódico debían acompañarse de una «coletilla», es decir, de un pequeño recuadro en forma de nota que advirtiera cuándo el artículo no se correspondía con la línea oficial, aclarando que aún así se autorizaba su publicación. Tal «generosidad» por parte de los comités de lectura, dejaba entrever la irreverencia por parte del autor del artículo, contrario a los «intereses del pueblo» y, en consecuencia, de «la revolución». Esta política había sido anunciada ya por Camilo Cienfuegos, uno de los líderes del movimiento revolucionario, cuando el 2 de julio de 1959 escribió en las páginas del periódico *Hoy* que solo existían dos caminos posibles: «estar con la Revolución o contra ella». Jorge Zayas, director del vespertino *Avance*, se atrevió a criticar el sistema de «coletillas» y tuvo que exiliarse inmediatamente en la embajada de Ecuador. El periódico sobrevivió poco tiempo, pues tras los ataques del periódico *Revolución* a las columnas del estudiante de periodismo Pedro Leyva, en su sección «Pan Criollo», crítico contra el nuevo régimen, fue clausurado en 1960. A Zayas, le siguieron Guillermo Martínez Márquez, director de *El País* y Amadeo Barletta, propietario de *El Mundo* y de las cadenas Canal 2, Canal 10 y Telemundo. En 1960, el poderosísimo *Diario de la Marina*, fundado en 1844 y uno de los más antiguos de Cuba, fue asaltado por un grupo de enardecidos revolucionarios, y su dueño y director, José Ignacio Rivero Alonso, quien falleció en Miami a los 90 años en 2011, tomó el camino del exilio en donde fundó más tarde las revistas *Relámpagos* e *Impresiones*, y se convirtió en columnista del *Diario Las Américas*. Antonio Quiroga, director de *Carteles*, la segunda revista del país después de *Bohemia*, siguió por el mismo camino, tras la confiscación de la revista el 31 de julio de 1960. Asimismo, en septiembre de 1960 le llega su turno a la CMQ (que englobaba los canales 4, 6 y 7 de televisión), intervenidos paulatinamente ese mismo año bajo las presiones del gobierno castrista que utilizó como pretexto la transmisión por el Canal 6 de un filme sobre la Segunda Guerra Mundial que ponía de manifiesto el poderío militar de Estados Unidos. Con la confiscación del consorcio (que incluía además el teatro Warner Radiocentro fundado en 1947, luego Yara) los hermanos Goar y Abel Mestre Espinosa partieron hacia el exilio, estableciéndose en Buenos Aires.

Por supuesto, la «línea oficial» se centraba en un discurso de corte moralista que exaltaba a la familia revolucionaria, denunciaba la homosexualidad, elogiaba el trabajo, glorificaba a la patria y a sus numerosos héroes, vituperaba a los opositores y condenaba los comportamientos que consideraba marginales, como el juego, las creencias religiosas, las mundanidades y toda celebración que no exaltase los éxitos del pueblo trabajador. Las cifras y estadísticas correspondientes a las tasas de educación, salud pública o industrialización de la época anterior fueron borrándose poco a poco en favor de la propaganda del nuevo gobierno.

A medida que los sistemas de control de información y censura se fueron perfeccionando, una atmósfera irrespirable se fue apoderando de la escena artística. Para que a alguien no le pusieran «el ojo encima» no bastaba con que permaneciera ajeno al proceso, sino que se exigía de cada quien una participación incondicional en las tareas y objetivos dictados. Fue así como, después de terminar sus actuaciones, los músicos e intérpretes tenían que quedarse en los lugares en que se presentaban para debatir acerca del papel que desempeñaban los artistas en la nueva sociedad.

El gobierno necesitaba con urgencia un acontecimiento que estremeciera la fibra patriótica de los cubanos para poder anunciar lo que ya estaba en ciernes desde hacía varios meses: el carácter socialista de la Revolución. Y ese acontecimiento se lo sirvieron en bandeja los propios Estados Unidos con la invasión frustrada del 17 de abril de 1961 de un puñado de cubano exiliados a la bahía de Cochinos, uno de los lugares más inhóspitos de la isla, en plena ciénaga de Zapata, al sur de Matanzas, precedida de algunos ataques insignificantes a aeropuertos militares de La Habana. Hubo muertos de parte y parte, y Fidel Castro se apresuró en anunciar lo que en realidad había sido una «guerra civil» entre cubanos como «la primera derrota del imperialismo norteamericano en América». Nadie entendió entonces que lo que había tenido lugar era la traición del gobierno de Estados Unidos a un grupito de cubanos entrenados por la CIA, abandonados en el momento de la invasión y fácilmente vencidos por el ejército cubano. Los funerales de las víctimas revolucionarias se llevaron a cabo con bombo y platillo, para, en medio de esta escenografía digna de un régimen autocrático, anunciar lo que desde hacía tiempo se estaba cocinando: el viraje de la revolución hacia el campo socialista. La cortina de hierro acababa de caer sobre Cuba, y desde entonces, 62 años después, sigue minando cualquier intento de expresión democrática en la isla.

En paralelo al cierre de las antiguas estructuras comunicacionales, el gobierno puso mucho esmero en fundar y subvencionar nuevas instituciones estatales, fundamentalmente en ámbitos culturales poco desarrollados antes de 1959. En el terreno casi virgen y muy beneficioso del cine, por ejemplo, se fundó por decreto del 24 de marzo de 1959, el Instituto de Arte e Industria Cinematográfica (Icaic), uno de los pilares cruciales de la propaganda del régimen dentro y fuera de Cuba. Lo encabezó Alfredo Guevara, amigo y cómplice de Fidel Castro desde la época de estudiante de Derecho en la Universidad de La Habana, en que militaba en banditas gansteriles para llevar a cabo ajustes de cuentas o influir en el estado de opinión para su propio beneficio. En octubre de 1960, el Icaic confiscó la mayor parte del circuito cinematográfico cubano, y el 12 de mayo de 1961, se desencadenó el «caso PM», que marcó la estocada final al cine independiente en la isla. Ese día, la Comisión de Estudio y Clasificación de Películas del Icaic prohibió el cortometraje así titulado, realizado por los cineastas Sabá Cabrera Infante y Orlando Jiménez Leal, con el pretexto de que «dañaba los intereses del pueblo y de su Revolución». Lo cierto es que *PM* (Pasado Meridiano), cuyo título hacía referencia al horario utilizado por los países anglosajones y parte de América Latina, mostraba la vida nocturna habanera (o lo que quedaba de ella) en barcitos de mala muerte de la Playa de Marianao y el Muelle de Luz. Cuando los realizadores sometieron su trabajo al Icaic con miras a obtener el permiso de difusión, previa muestra programada en el cine Rex, no solo se les comunicó que el filme no obtendría el permiso, sino que sería confiscado porque «ofrecía una visión deformada de la realidad cubana». El «caso PM» ha sido ampliamente estudiado y se sabe que la verdadera razón de su prohibición fue la pugna entre el bando ortodoxo de agentes de la cultura (Alfredo Guevara, Mario Rodríguez Alemán, Julio García Espinosa, entre otros marxistas del Icaic), que deseaban la sovietización de toda la producción artística, y aquellos que pretendían realizar un arte independiente, al margen de toda politización, como los que integraban la redacción de *Lunes de Revolución* (Guillermo Cabrera Infante, Carlos Franqui,

Néstor Almendros, etc.). El resultado del careo fue la decisión de Fidel Castro de interrumpir el Congreso de Intelectuales y Artistas que tenía lugar en aquellos días para convocar a una reunión durante tres viernes seguidos (16, 23 y 30 de junio de 1961), en la Biblioteca Nacional, de donde emergió su frase lapidaria «Dentro de la Revolución, todo: contra la Revolución, nada», que puso fin a la polémica, y dejó establecido que, a partir de ese momento, la censura quedaba institucionalizada. El resultado final fue la verdadera burocratización de la cultura mediante la creación de la Unión de Escritores y Artistas de Cuba (Uneac), una especie de ministerio del interior de la cultura, encabezado por el poeta Nicolás Guillén (hasta 1989), así como el cierre, en noviembre de 1961, de *Lunes de Revolución* (el suplemento cultural de *Lunes*), dejando fuera a escritores como Heberto Padilla, Juan Arcocha, Carlos Franqui y al propio Guillermo Cabrera Infante, algunos de los cuales fueron enviados al extranjero para cubrir misiones diplomáticas.

Y los efectos no tardaron en arrojar otros ejemplos pues, más tarde, en diciembre de 1963, el líder comunista Blas Roca, desde la tribuna del periódico *Hoy* (órgano del Partido Comunista) lanzó una campaña contra la ya restrictiva política del Icaic criticándolo por permitir la difusión de películas como *La dolce vita*, de Federico Fellini; *Accatone*, de Pier Paolo Pasolini o *El ángel exterminador*, de Luis Buñuel. Al año siguiente, dos filmes cubanos más: *Una vez en el puerto* (de Alberto Roldán) y *Un poco más de azul* (de Fausto Canel), ambos de 1964, también serán censurados.

Es importante precisar que la revolución de 1959 no encontró inmediatamente una expresión musical que se adecuara a sus ambiciones políticas. Esta manifestación demorará cierto tiempo, y no fue hasta 1970 que surge la llamada «Nueva Trova», cuyos orígenes se hallan en el Grupo de Experimentación Sonora del Icaic, fundado por Leo Brouwer en 1970. Sin embargo, los adeptos a la música rock y otras variantes alternativas muy de moda en el mundo entero, eran estrechamente vigilados y censurados. En 1968 tuvo lugar la célebre «redada del hotel Capri» como parte de la «Operación hippie» (en realidad contra los hippies), organizada por la Seguridad del Estado y la oficina especialmente creada para esto, el Departamento E, dedicado al control ideológico de los sectores intelectuales, artísticos y religiosos. Los movimientos juveniles de artistas aficionados al «hippismo», ya penetrados por agentes de este Departamento, organizaron una fiesta en una casa de la playa Santa María del Mar para hacer caer en la redada a muchos de estos jóvenes. Bajo el mando del inefable Ramiro Valdés, encabezaban este Departamento del terror contra artistas e intelectuales las oficiales Gisela Domenech Benítez, Xiomara Contreras Piedra y Vivian Paz Escalante, esta última futura coronela en Villa Marista, e hija de una hermana del antiguo comunista «tronado» en 1968 Aníbal Escalante Dellundé, acusado de crear una «microfracción» en el seno del Partido.

Las manifestaciones de fervor religioso, fundamentalmente de cultos sincréticos afrocubanos, auténtico vivero de la percusión cubana y del complejo de la rumba (guaguancó, yambú y columbia) también fueron canalizadas a través de instituciones creadas para ello, como el Conjunto Folklórico Nacional, fundado en 1962, cuyo interés por estas expresiones disimulaba apenas la intención de reducirlas al ámbito de lo folklórico para despojarlas de toda esencia religiosa. En lo adelante, estos bailes quedaron bajo el control de la Dirección de la Cultura, un departamento dirigido por las tenebrosas Vicentina Antuña y Edith García Buchaca, y las verdaderas prácticas religiosas serían perseguidas y prohibidas.

Los irreductibles pagaron muy caro el precio de oponerse a la censura de corte estalinista. La propia García Buchaca invitó a Orlando Jiménez Leal y a Sabá Cabrera Infante a irse del país. Cabrera Infante fue enviado como diplomático a Bruselas, y nunca más pudo (ni deseó) regresar a la isla. El propio Guevara no obtuvo jamás el codiciado puesto de ministro de Cultura, una vez que se creó dicho ministerio en 1976. Su gestión desastrosa del «caso PM» le persiguió hasta su muerte, aunque siempre permaneció servil al régimen. Y el propio periódico *Hoy*, fundado y dirigido por los comunistas más ortodoxos, se fusionó con *Lunes de Revolución*, por órdenes de Fidel Castro, en 1965, para dar paso a la creación de *Granma*, diario que sigue siendo la tribuna de ese mismo gobierno. Como Saturno, la Revolución comenzaba a devorar a sus propios hijos.

El son se fue de Cuba...

El son se fue de Cuba es el título hiperbólico de una canción compuesta por el saxofonista y director de orquesta dominicano Billo Frómeta (1915-1988), que expresaba la verdadera hemorragia que estaba ocurriendo en el mundo artístico de la isla. En 1963, unos 250 mil cubanos ya se habían exiliado y, entre ellos, numerosos músicos, cantantes y compositores musicales. Para una población estimada entonces en seis millones de habitantes este primer éxodo representaba la pérdida de una parte importante de la clase media, pero también de muchos de los profesionales del universo cultural.

No hay que olvidar que el ámbito musical cubano antes de 1959 ofrecía condiciones excepcionales a músicos del mundo entero que se instalaban en La Habana por largos periodos. Muchos de estos extranjeros terminaban prácticamente «aplatanándose» (el cubanismo que se utiliza para significar que alguien se cubaniza). Entre ellos cabe citar al propio Néstor Almendros (1930-1992) cineasta y camarógrafo catalán que no tarda en irse del país y quien desarrolla una brillante carrera en Francia y Estados Unidos, llegando a obtener el Oscar de la fotografía por la película de Terrence Malick *Days of Heaven* (1974). Almendros nunca abandonó la causa cubana y en 1984 filmó, junto a Orlando Jiménez Leal, el documental *Conducta impropia* con el que obtuvieron el premio del XII Festival de los Derechos Humanos en Estrasburgo (Francia), y en 1988 filmó junto a Jorge Ulla, *Nadie quería escuchar*, otro documental de denuncia al régimen. Entre los extranjeros «aplatanados» que se exiliaron también se encuentran el compositor asturiano Julián Orbón (1925-1991), el poeta madrileño Eugenio Florit (1903-1999) y el escritor Lino Novás Calvo (1903-1983). Para ellos el exilio era doble pues ya habían llegado a Cuba huyendo de la situación política en España. En el ámbito musical tal fue el caso de Antonio Matas, a quien llamaban «El mago del solobox» (una de las primeras formas de piano electrónico que comenzó a utilizar en La Habana), compositor y pianista nacido en Palma de Mallorca en 1912, exiliado del franquismo en Cuba en 1940 y fallecido en Miami en 1984. Fue el autor de *Inesperadamente, Se abren las rocas, Reflexión* y *Parece que va a llover* (cantado en la película mexicana *En cada puerto un amor*), además de la canción *Miami*, dedicada a la ciudad que le abrió las puertas tras su salida de Cuba y en donde colaboró junto a Rosendo Rosell en la pieza *La cuenta justa*.

No ha de extrañarnos entonces que muchos compositores extranjeros abandonasen también la isla tras los acontecimientos de 1959 con el mismo sentimiento de pérdida que sus colegas cubanos. Luis María "Billo" Frómeta, quien había llegado a La Habana en 1958 y se marchó poco después en 1959, fue uno de ellos. En 1937, cuando República Dominicana se hallaba bajo el poder dictatorial de Leónidas Trujillo, Frómeta pretendió viajar a Caracas con su Santo Domingo Jazz Band, pero el dictador había cambiado el nombre de la capital por el de Ciudad Trujillo y exigió como condición para autorizar el viaje que el grupo cambiara su nombre por el de Ciudad Trujillo Jazz Band. Desde entonces Billo se convirtió en un exiliado del régimen de Trujillo y participó incluso en la célebre y abortada expedición de Cayo Confites. Ya a finales de la década de 1950 se encuentra en La Habana, en donde grabó dos discos con la orquesta del gran Bebo Valdés. Al dejar Cuba, profundamente emocionado, compuso *El son se fue de Cuba*, una canción que se convertirá prácticamente en el himno de los primeros exiliados: 85

> *Cubano que dejaste*
> *el viejo Malecón*
> *quisiera preguntarte*
> *a dónde se fue el son.*
>
> *El son se fue de Cuba*
> *mataron su alegría*
> *sus notas están llenas*
> *de una cruel melancolía.*
>
> *Rompieron sus guitarras*
> *callaron los pregones*
> *Y en vez de mil canciones*
> *Sólo hay llanto y soledad.*
>
> *El son se fue de Cuba*
> *llorando de tristeza*
> *se ha ido* El manisero
> *y también* La bayamesa.

Guajiro de mi tierra,
si pasas por La Habana
no oirás risas cubanas
porque el son se fue de allá.

La composición, grabada por Zoraida Marrero, Olga Guillot y Celia Cruz a lo largo de sus carreras como solistas, revelaba la sensibilidad de Frómeta quien no encontró mejor comparación para definir la situación dramática del éxodo cubano, que la imagen de la salida de «La bayamesa», la gloriosa mujer de Bayamo, pero también la célebre composición musical que lleva ese título, así como del «Manisero», el son-pregón de Moisés Simons, representante de la auténtica tradición.

El bolero de Frómeta fue grabado en el exilio por Zoraida Marrero (Bejucal, 1912–Nueva Jersey, 2004), conocida como «La alondra de Cuba», después de haber sido descubierta como cantante lírica en *La Corte Suprema del Arte*, una de las emisiones más populares de la estación CMQ, en donde cantó *Noches de amor* junto a Ernestina Lecuona. Intérprete de zarzuelas cubanas, actuó en *La revista azul* de Ernesto Lecuona en el Auditorium de La Habana en 1937 y fue una de las integrantes del trío Lecuona junto a María Ciérvide y Georgina Dubouchet. Marrero se exilió el 16 de noviembre de 1960 en Nueva York. Bajo el título de *Yo volveré* (tema del compositor baracoense Eduardo Davidson, también exiliado), Marrero grabó un álbum enteramente dedicado a la nostalgia, en el que aparecen las piezas *El ala triste* y *Cuba*, ambas de Margarita Lecuona; *Mi Cuba*, de Luis Fortún o el propio *El son se fue de Cuba*, ya citado.

Pero otros compositores extranjeros dejaron también su testimonio del desarraigo que para ellos significó abandonar la isla. Fue el caso del argentino Luis Aguilé, autor de *Cuando salí de Cuba*, un bolero que compuso tras dejar la isla en marzo de 1960. La pieza se convirtió en una de las más exitosas del repertorio de Olga Guillot, cantante santiaguera que había debutado también en *La Corte Suprema* en 1938, en donde cantaba tangos en un dúo llamado Las Cancioneras, junto a su hermana Ana Luisa, hasta que la compositora Isolina Carrillo la descubrió, proponiéndole integrar el Cuarteto Siboney, en 1944. Bajo el impulso de Guillot, el bolero

(que había nacido en Santiago de Cuba, y que los mexicanos se habían prácticamente apropiado), ganó en popularidad en Cuba, gracias a su manera apasionada y única de interpretarlo, con su típica voz ronca y gutural. Olga Guillot fue declarada en 1946 «la cantante más popular de la radio cubana» y en 1951 obtuvo el título de «Reina de la Radio Nacional». Pero su mayor consagración tuvo lugar poco después, en 1954, cuando grabó *Miénteme*, bolero compuesto por el mexicano Armando Domínguez en 1950, que la lanzó al estrellato internacional. En 1960, Guillot se exilió en Venezuela, en donde permaneció unos meses acogida por su compatriota y colega Renée Barrios, antes de partir rumbo a México, terminando por fijar más tarde su residencia en Miami, ciudad en donde, confesó alguna que otra vez, sentirse «más cerca de Cuba», considerándose «como una guerrillera que lucha con eficacia por la libertad» de su patria. Fallecida en esta ciudad en 2010, nuestra «Reina del bolero» y cantante más internacional junto a Celia Cruz, no volvió nunca a Cuba pero dejó un legado de más de 50 álbumes, unas 20 películas (*Opio, No me olvides nunca, Yambao, Música de ayer*, etc.) y una trayectoria musical extraordinaria en que se le recuerda cantando   87
junto a Frank Sinatra, Nat King Cole, Lucho Gatica, Edith Piaf (en el Casino Palm Beach, en Cannes) o Lola Flores, aunque también como la primera cantante latinoamericana en dar un recital en el Carnegie Hall de Nueva York (1964).

En *Cuando salí de Cuba*, la escucharemos entonces cantar:

«Nunca podré morirme/ mi corazón no lo tengo aquí,/ allí me está esperando,/ está aguardando que vuelva a allí», seguido del estribillo *«Cuando salí de Cuba/dejé mi vida, dejé mi amor/ Cuando salí de Cuba, dejé enterrado mi corazón»*; y de dos estrofas más: *«Late y sigue latiendo/ porque mi tierra vida le da / pero llegará el día/ en que mi mano, lo alcanzará»* y *«Una triste tormenta/ está azotando sin descansar,/ pero el sol de tus hijos,/ pronto la calma le hará alcanzar»*.

Este bolero también fue grabado por Guillermo Portabales (Rodas, 1911–Isla Verde, Puerto Rico, 1970), gran guitarrista, cantante y compositor cubano, creador de la llamada «guajira de salón».

En muchos de los temas musicales de esos primeros años de exilio el regreso al país de origen fue una constante. Otros dos compositores extranjeros, mexicanos esta vez, escribieron canciones del regreso: Chucho Navarro, cantante del grupo Los Panchos quien estaba casado con una cubana, compositor de *Si no regreso a Cuba*, así como Luis Demetrio, autor de *Yo regresaré*, grabado con voz apasionada por Olga Guillot.

> *[Sé que algún día yo regresaré,*
> *a ti, mi Cuba hermosa, volveré]*
> *En mi lamento cubano*
> *está llorando mi alma*
> *al recordar mi casita de guano*
> *y la brisa de la palma [...]*
> *Mi corazón en su canto Está implorando a Jesús*
> *que por piedad nos ayude*
> *a soportar nuestra cruz [...]*
> *Cuando volvamos a Cuba*
> *debemos de procurar*
> *sembrar amor en la tierra*
> *y olvidarnos del rencor [...]*

El bolero menciona al «lamento cubano», tomado de la célebre composición de este nombre compuesta por Eliseo Grenet en plena crisis sociopolítica bajo el gobierno de Gerardo Machado. También resulta interesante observar que ya desde la década de 1960 existían llamados a la reconciliación de todas las partes, un tema recurrente en el exilio porque ha sido instrumentalizado por el gobierno de la isla para sembrar el miedo en su población ante posibles venganzas de parte de los que abandonaron el país.

En su libro *Cien años de bolero* (Centro Editorial de Estudios Musicales, Bogotá), el musicólogo colombiano Jaime Rico Salazar se asombra de que, a la excepción de *Nostalgia habanera*, un tema de Bobby Collazo, las composiciones de principios de la década de 1960 que denuncian las arbitrariedades del nuevo régimen hayan sido compuestas casi todas por autores extranjeros.

Los emigrantes-exiliados

En 1959 muchos eran los intérpretes y músicos cubanos que vivían fuera de Cuba. Se daba el caso de que, en ciudades como Nueva York o Ciudad de México muchos encontraron un ambiente propicio para trabajar, sin contar los contratos que les ofrecían centros nocturnos, casinos o productoras de cine, en todo el mundo. Con el triunfo de la revolución, el nuevo gobierno hizo un llamamiento para que quienes residían fuera del país regresaran y se integraran al proceso. A quienes regresaron entonces les llamaron ya en aquel tiempo «los repatriados».

En el ámbito musical pocos respondieron al llamado, y con el tiempo se fueron quedando fuera de la isla, adoptando posiciones críticas contra el régimen y convirtiéndose, por consiguientes, en exiliados. Fue el caso del propio Bobby Collazo en Puerto Rico, pero también el de cantantes, compositores e intérpretes, tales como Nilo Menéndez (Matanzas, 1902–Los Ángeles, 1987), Mario Bauzá (La Habana, 1911–Nueva York, 1993), Antonio Machín (Sagua la Grande, 1903–Madrid, 1977), Vicentico Valdés (La Habana, 1919–Nueva York, 1995), Arsenio Rodríguez (Güira de Macurijes, Matanzas, 1911–Los Ángeles, 1970), Frank "Machito" Grillo Gutiérrez (La Habana, 1908–Londres, 1984), su hermana materna Graciela Pérez Grillo (La Habana, 1915–Nueva York, 2010), Bienvenido Granda (La Habana, 1915–México, 1983), René Cabel (Alquízar, 1914–Bogotá, 1988), las integrantes del trío Las Hermanas Castro, las del trío Las Hermanas Granda, Dámaso Pérez Prado (Matanzas, 1916–México, 1989), o incluso Desi Arnaz (Santiago de Cuba, 1917–Del Mar, California, 1986, más conocido por su papel de actor en la serie norteamericana *I Love Lucy*, cuyo director musical fue un santiaguero como él, Marcos Rizo, exiliado en Miami).

De ellos, Arsenio Rodríguez, a quien llamaban El Ciego Maravilloso y que en realidad se llamaba Ignacio Arsenio Travieso Scull, compuso alrededor de 200 temas. Tocaba el tres con gran destreza y definió un sonido que revolucionó el son montuno al incorporar tumbadoras, piano y trompetas al formato tradicional de los conjuntos de son. En sus agrupaciones musicales colaboraron grandes intérpretes cubanos como los pianistas Rubén González y

89

Lily Martínez Griñán, los trompetistas Félix Chapotín y Chocolate Armenteros, e incluso Chano Pozo y Machito. A principios de la década de 1950 viajó a Estados Unidos para someterse a una cirugía con la esperanza de recobrar la visión, algo que no fue posible y le inspiró la creación de *La vida es un sueño*, uno de sus temas más sentidos. Se estableció entonces definitivamente en ese país, volviendo a La Habana solamente en 1956, después de haber pasado un lustro en el Bronx de Nueva York. Una enjundiosa biografía de este músico sin par fue publicada en tres volúmenes por Jairo Grijalba Ruiz en la editorial Unos y Otros de Miami bajo los títulos de *Arsenio Rodríguez, el profeta de la música afrocubana* (2015), *Arsenio Rodríguez, el Ciego Maravilloso* (2017), y *Arsenio Rodríguez, el corsario negro de La Chambelona* (2018).

De este grupo formaban parte también el pianista y compositor del bolero *Vuélveme a querer* Mario Álvarez. Nacido en Güines, Álvarez se estableció en México en la década de 1940 y allí permaneció hasta su muerte, acaecida en 1988. Fue el creador también del bolero *Sabor a engaño*, inmortalizado por la cantante mexicana Eva Garza. Asimismo, el pianista y compositor Juan Bruno Tarraza, nacido en Caibarién en 1912 se había establecido en México en donde falleció en 2001. Compuso *Besar*, *Soy tuya* y *Soy feliz* y acompañó al piano durante cierto tiempo a las cantantes mexicanas Toña la Negra y María Victoria, además de participar con Libertad Lamarque, Pedro Vargas y Marco Antonio Muñiz en algunas películas. En el exilio, creó un dúo con el pianista cubano Felo Bergaza y compuso *Abróchate el cinturón*. Otros artistas que escogieron también el país azteca como tierra de exilio fueron el compositor Francisco Fellove, nacido en La Habana en 1923 y autor del conocido pregón *Mango mangüé*, así como el cantante César del Campo (La Habana, 1922), quien vivía ya allí desde 1949 y se instaló en Miami en 1981 hasta su muerte en Homestead, en 2008.

Un ejemplo notorio fue el del compositor, guitarrista y cantante Marcelino Guerra, más conocido como Rapinday. Nacido en Cienfuegos, en 1914, integró el Septeto Habanero y el conjunto de Arsenio Rodríguez, y compuso temas míticos de nuestro repertorio como *Convergencia* (un son con texto de Bienvenido Julián Gutiérrez) y *Buscando la melodía* (de 1936 y grabado por Benny Moré, Tito Rodríguez y Antonio Machín, entre otros). Rapinday llegó a Nueva York en 1944 para convertirse en el cantante de la orquesta Afro-Cubans, fundada por Mario Bauzá, y más tarde en su propio director cuando Luis Varona la dejó para instalarse en Miami. De ese periodo particularmente prolífico datan sus composiciones *A mi manera, Yo soy la rumba, Reina negra, Pare cochero* y el bolero *Dime la verdad.* En 1954, en pleno apogeo de su carrera, Rapinday se convirtió en Marcelino Guerra: abandonó la música, integró la Marina mercante norteamericana durante once años antes de casarse en 1972 e instalarse en el pueblo levantino de Campello, cerca de Alicante, en donde falleció en 1996.

También establecido en Nueva York desde los albores de los años 1950, el compositor, flautista y pianista Gilberto Valdés (Jovellanos, 1905–Nueva York, 1971), ya había fundado en esta ciudad su propia orquesta. En Cuba compuso el célebre pregón *El botellero* y las rumbas *Evocación negra, Rumba abierta, Baró, Sangre africana,* entre otras, inspirándose en los cultos afrocubanos; así como la canción de cuna *Ogguere.* Fue el primer músico que utilizó los tambores batás en una grabación: la del álbum *Tambó,* de 1936. Y ofreció, poco después, varios conciertos en el Anfiteatro Municipal de La Habana basándose fundamentalmente en los instrumentos de percusión afrocubana de los cuales era un ferviente defensor. Los acontecimientos de 1959 ocurren durante su estancia en Nueva York y para probar su simpatía con los cambios organizó entonces un concierto en el Carnegie Hall que llama *Pro reforma agraria,* en que evocaba las medidas tomadas por la revolución en lo referente a la gran propiedad latifundista. En este concierto participaron Machito, su hermana Graciela y Mario Bauzá, quienes no tardaron en darse cuenta, al igual que el propio Gilberto Valdés, de la naturaleza totalitaria del régimen. Ninguno de ellos regresó nunca a Cuba.

Director de orquesta de los cabarets habaneros Casino Nacional y Montmartre, a partir de 1944, el compositor y pianista René Touzet (Cojímar en 1916–Miami, 2003), residía entre Cuba y Estados Unidos antes de 1959. A pesar de haber recibido una formación clásica mediante la que cursó estudios de Armonía y Composición con los maestros Castelnuovo-Tedesco y Overtone, Touzet incursionó mucho en el ámbito de la música popular. Fue autor de numerosos boleros entre los que cabe citar *No te importe saber* (1937), *Tu felicidad, Parece mentira* o *Cuando tú quieras mi bien,* y continuó cultivando este género una vez que se estableció en Los Ángeles en 1944 para presentarse en el Avedon Ballroom con su propio grupo llamado Cha Cha Cha Rhythm Boys, en donde tocaban el trompetista Pete Candoli y el saxofonista Art Pepper, así como Bob Cooper, Chico Álvarez y Buddy Childers. De este periodo son: *Anoche aprendí*, *La noche de anoche*, *Estuve pensando*, *Me contaron de ti* y *Déjame creer en ti*. Casado con la gran bolerista Olga Guillot, Touzet se marchó definitivamente de Cuba en 1960. En el exilio, compuso *Primera lluvia*, *No voy a llorar*, *Te beso y te regaño* y el tema nostálgico *Habana, cuando te vuelva a ver*. Hoy en día el bolero *Con mil desengaños* es uno de los temas de este autor más escuchados. Lo interpretó de manera sulfurosa La Lupe y lo grabó en su disco *Tú y yo*, de 1965, junto a Ernesto Antonio "Tito" Puente. Otra pieza muy conocida de Touzet es *Oye*, incluida por el cantante cubano Gustavo Rojas, en el segundo disco que grabó en Miami en 1983.

Como su título lo indica, el bolero *Nostalgia habanera*, compuesto en 1960 en San Juan de Puerto Rico por el compositor, director de orquesta y pianista Bobby Collazo (Marianao, 1919–Nueva York, 1989), muchos músicos demostrarán su apego a las raíces cubanas a través de sus temas musicales. Curiosamente, la letra refleja, además de una profunda nostalgia por la capital de la isla, cierta clarividencia en cuanto a lo incierto del regreso:

92

> *Siento la nostalgia de volver a ti,*
> *mas el destino manda*
> *y no puede ser.*
> *Mi Habana, mi tierra querida,*
> *cuándo yo te volveré a ver.*
> *Habana, cómo extraño*
> *el sol indiano de tus tardes.*
> *Habana, cómo sueño*
> *con mi hamaca entre tus palmas*
> *Habana, yo no sé si volverán*
> *aquellos tiempos,*
> *de cuando buscaba a tu luna*
> *por el Malecón, de mi Habana.*
> *Habana, cuánto anhelo regresar*

y ver tus playas,
Habana, y volver a ver
tus calles sonreír.
Habana, a pesar de la distancia
no te olvido.
Habana, por ti siento
la nostalgia de volver.

La versión más conocida de este tema la grabó Celia Cruz con La Sonora Matancera. En cuanto a Bobby Collazo, establecido en Nueva York desde 1952, había compuesto ya *La última noche* (1946), interpretado con mucho éxito por el cantante mexicano Pedro Vargas y fundado, en 1950, el Cuarteto Antillano. Collazo fue uno de los precursores del *feeling* y se le conoce como «el cantante de las lunas», pues compuso una serie de estas: *Luna de Varadero, Luna de Copacabana, Luna de Camagüey, Luna azteca,* etc. Finalmente, se convirtió en uno de los tantos músicos cubanos que nunca más volvió a la isla después de 1959.

Una trayectoria similar tuvo Armando Valdespí (La Habana, 1907–San Juan de Puerto Rico, 1967). Compositor y pianista, fundó su propia orquesta (de las llamadas «típicas») en 1929, y luego una charanga en donde participaron el flautista Antonio Arcaño, el violoncelista Orestes López y el cantante Joseíto Núñez, entre otros. Especialista de danzones y boleros, llevó su orquesta a Estados Unidos en 1935, cuando su cantante era Fernando Collazo, uno de los más admirados por la juventud de la época. En 1944, Valdespí se instaló en México y, luego, en Puerto Rico donde siguió componiendo y dirigiendo hasta su muerte.

En cuanto los percusionistas, como continuadores del gran Chano Pozo, fueron estos los primeros en establecerse en las grandes metrópolis norteamericanas. Armando Peraza (La Habana, 1924-San Francisco, California, 2014), diestro en tocar los tambores batás, llegó a Nueva York en 1948, seguido en 1950 por Mongo Santamaría (La Habana, 1922–Nueva York, 2001), probablemente el más conocido de los percusionistas cubanos en esta ciudad. Santamaría tocó primero con las orquestas de Gilberto Valdés y de Pérez Prado, y permaneció siete años en la de Tito Puente hasta que fundó su propio grupo de jazz junto a Chick Corea y el flautista Hubert Lewis.

Grabó más de 50 álbumes, entre los que se destacan *Afro-Indio* (1975), *Ubane* (1976), *Dawn* (1977, con el que obtuvo un premio Grammy) y *Red Hot* (1979). Junto a músicos de la Fania All Stars dio un concierto en La Habana en 1978, algo realmente insólito para el contexto bastante hermético de la Cuba de ese periodo y que tal vez se produjo gracias a que un año antes la orquesta Típica 73 había podido tocar también en la capital cubana tras casi dos décadas de ausencia de músicos exiliados en Estados Unidos ante el público cubano.

Otros músicos integrarán también orquestas norteamericanas, tales como Cándido Camero (La Habana, 1921–Bronx, Nueva York, 2020), quien, desde su llegada a la Gran Manzana, en 1952, entró en la de Dizzy Gillespie, y más tarde en la de Stan Kenton y en la de su compatriota Patato Valdés, quien había colaborado con Machito y sus Afro-Cubans y con Tito Puente antes de convertirse en 1959 en percusionista de Herbie Mann. Camero fue el primero en tocar más de un tambor de conga a la vez y en una entrevista con el músico Bobby Sanabria, en 1996, reveló que su invención había sido

la consecuencia de la necesidad, ya que había sido contratado para actuar en una revista de danza y música cubana en Nueva York que no tenía suficiente presupuesto para pagar a varios percusionistas y fue aquella la razón por la que tuvo que hacer el trabajo de otros dos.

Por su parte, Patato Valdés (La Habana, 1926–Nueva York, 2007), otro de los grandes congueros del *latin jazz* y el *cubop* (mezcla de ritmos afrocubanos y de *bebop*) tuvo también una trepidante carrera musical en la que colaboró con el baterista Art Blakey y el trompetista Dizzy Gillespie, además de grabar dos discos de referencia: *Kenya* (con Mario Bauzá) y *Orgy in Rhythm* (junto a Art Blakey). A Patato se le puede ver en la película francesa de Roger Vladim *Et Dieu... créa la femme* (1956) dando una febril lección de mambo a Brigitte Bardot. En 1995, participa junto a José Luis Quintana "Changuito" y Orestes Vilató en la grabación de *Ritmo y candela*, un disco que obtendrá un Grammy en la categoría de jazz latino.

Orestes Vilató (Camagüey, 1944) se instaló en Nueva York en 1956, siendo niño. Gran timbalero, su carrera musical comenzó como percusionista de la orquesta de José Antonio Fajardo y continuó en la de Johnny Pacheco. También tocó con Ray Barreto, Israel López Cachao, la Fannia All Stars, Rolando Laserie, La Lupe, Joe Cuba,

Rubén Blades, Celia cruz, Aretha Franklin, Whitney Houston, Linda Ronstadt, Paco de Lucía y Carlos Santana (con quien se desplazó para trabajar en California después de 25 años de carrera en Nueva York). Sin olvidar su participación en las bandas sonoras de películas como *The Mambo Kings*, *Our Latin Thing* y *Dance with Me*.

A Israel López, a quien todos llamaban Cachao (La Habana, 1918–Miami, 2008), se le conoce por ser uno de los mayores contrabajistas del mundo y el creador del mambo. Curiosamente, nació en la misma casa que José Martí, en la calle Paula de La Habana Vieja, y desde pequeño se le llamó así por su abuelo Aurelio López Cachao, quien también era músico. En 1926 empezó tocando el bongó en un conjunto que dirigía Roberto Faz y, poco después, comenzó con el contrabajo acompañando a Bola de Nieve durante las proyecciones de películas mudas en los cines habaneros. En 1930 entró en la orquesta Filarmónica de La Habana (incluso bajo la batuta de Erich Kleiber) y tres años después se le podía oír en la charanga López-Barroso, formada por su hermano Orestes López y Abelardo Barroso. Cuando se desintegró la charanga, Cachao pasó a la orquesta de Arcaño y sus maravillas, época en que compuso decenas de danzones. En la década de 1950 se le pudo ver con la orquesta de Fajardo y sus Estrellas, con la que viajó por Estados Unidos y Venezuela. En ese periodo organizó las primeras «descargas» (*jam sessions*), siendo el creador de esta forma particular de improvisaciones en que participan incansable y armoniosamente todos los instrumentos de la música cubana. En sus descargas participaban Guillermo Barreto, Gustavo Tamayo, Tata Güines, Richard Egües, Alejandro "El Negro" Vivar, Chico O'Farrill, su hermano Orestes López, y grabó junto a Walfredo de los Reyes *Cuban jazz*.

En 1962, Cachao aprovechó una serie de contratos en España con la orquesta Sabor cubano que dirigía Duarte para pasar, un año después, a Nueva York en donde tocó durante casi una década en la orquesta de Frank Sinatra. En 1970, se instaló en Las Vegas donde tocó en el casino Tropicana, el Sahara o el Caesar Palace, y colaboró durante algún tiempo con Libertad Lamarque. A Miami llegó a principios de los 1980 y siguió viajando por Colombia, California y hasta creó un cuarteto de música casi experimental llaa mado Walpataca, junto a Walfredo de los Reyes, Paquito Hechavarría y Tany Gil. Un momento clave de su carrera en el que se le dio merecido reconocimiento internacional ocurrió gracias al actor cubanoamericano Andy García, quien, entre 1994 y 1995 reunió en torno a Cachao, los mejores músicos cubanos del exilio para participar en las grabaciones (acompañadas de varios conciertos) de los álbumes *Cachao: Master Sessions I* y *II*, considerados como uno de los mejores trabajos discográficos de música cubana. Hasta esa fecha, Cachao sobrevivía como mejor podía, tocando en cumpleaños, bodas y hasta *mitzvahs* en Miami. A partir de ese momento, se pudo disfrutar de su presencia en muchas ciudades del mundo: París, Nueva York, Puerto Rico, San Sebastián, Madrid, Milán, San Francisco, Panamá, Barranquilla e, incluso, en el festival de música latinoamericana de Viz-Fesenzac, en Francia, en 2007. Durante el periodo que siguió al éxito de aquellas *Master Sessions*, Cachao grabó infatigablemente y participó en numerosos homenajes a su larga y prolífica carrera musical, entre los que contó su presencia en la Casa Blanca, en Washington, en donde interpretó *Como mi ritmo no hay dos* y *Guantanamera*, el 10 de octubre de 2007, durante el mes de celebración de la Herencia Hispana.

En 1993, en el periódico español *El País*, Guillermo Cabrera Infante publicó el texto «El gran Cachao, verdadero rey del mambo» en el que recordó que fueron Orestes e Israel López Cachao quienes «inventaron» el mambo en 1939 al componer el primer título llamado simplemente *Mambo*, que derivaba del danzón y daría paso a ese ritmo bailable de compleja coreografía que hasta el Papa llamó diabólico y Dámaso Pérez Prado popularizó y transformó en un producto musical internacional que le valió varios *hits* y terminó como tema musical en *La dolce vita* de Federico Fellini, al ritmo de *Patricia*.

El último de esta serie de grandes percusionistas cubanos de larga vida en Nueva York fue Francisco Aguabella (Matanzas, 1925–Los Ángeles, 2010) quien desde 1957 se instaló en la Costa Oeste y comenzó colaborando con la compañía de Katherine Dunham en la película *Mambo*, rodada en Italia, y luego con Santana, Mongo Santamaría, Pérez Prado y René Touzet. Entre 1964 y 1970 acompañó a Peggy Lee en sus presentaciones, y a lo largo de su carrera pudo vérsele tocando con Nancy Wilson, Lalo Schifrin, Eddie Palmieri, Frank Sinatra, Tito Puente, además de protagonizar los documentales *Sworn to the Drum* (dirigido por Les Blank) y *Aguabella* (de Orestes Matacena).

Otros músicos instalados ya antes de 1959 en Estados Unidos brillaron también en los escenarios del exilio. Uno de ellos fue el violinista y saxofonista José Chombo Silva (Baracoa, 1923–Nueva York, 1995), quien fijó su residencia en la ciudad en que falleció y donde tocó con la orquesta Manhattan, fundada por Mongo Santamaría. El trompetista Alfredo Armenteros Chocolate (Ranchuelo, 1926–Nueva York, 2015) quien dio sus primeros pasos en bandas musicales de Santa Clara, antes de llegar a La Habana en 1949 con la comparsa cienfueguera Melodías de Ironbeer, que dejó luego para integrar el Septeto Habanero en donde compartió en la Academia de baile Marte y Belona, en el Barrio Chino de La Habana, antes de que Arsenio Rodríguez lo contrata para que tocara en su conjunto. Poco tiempo después se le pudo oír en la orquesta de Pedro Jústiz Rodríguez, Peruchín, pianista y director originario de Banes, que animaba a principios de 1950 los espectáculos del teatro Campoamor o en la del pianista Osvaldo Estivill, para el teatro Radiocine. En esa época, y en el momento en que empieza a tocar con Julio Gutiérrez, empezaron a llamarle Chocolate pues alguien lo había confundido con el célebre boxeador cubano Kid Chocolate. Viajó mucho entonces, primero a Haití con el grupo del bongosero Cándido Requena, luego con Bebo Valdés en la orquesta que este dirigía en el cabaret Tropicana y, posteriormente, a Venezuela con la orquesta del puertorriqueño César Concepción y con La Sonora Matancera, en Curazao. A su regreso, por petición de Benny Moré le ayudó a formar su célebre Banda Gigante en la que permaneció algunos meses, antes de responder a la invitación de Chico O'Farrill para participar en las grabaciones de un disco del cuarteto Las D'Aida por la Panart. Es en 1956, cuando acompañó a José Fajardo a Nueva York, en donde tenía un contrato para tocar en el Waldorf Astoria, en que, fascinado por la gran urbe, decidió instalarse allí, donde volvió a encontrarse con la orquesta de César Concepción, se convirtió luego en trompetista de los Afro-Cubans, trabajó para el Sexteto La Playa y grabó con Mongo Santamaría y La Lupe. Armenteros, realizó varias giras con Eddie Palmieri por Colombia, y se convirtió en uno de los músicos de La Sonora Matancera durante cinco años, a partir de 1975. Luego participó, entre 1982 y 1983, en el octeto de Machito e, incluso, en el disco con el que éste obtuvo un Grammy. También en el grupo de Larry

Harlow y en numerosos festivales y conciertos en Colombia, Puerto Rico, Los Ángeles, Martinica y Guadalupe.

Pionero del ámbito del jazz latino, el extraordinario arreglista Arturo Chico O'Farrill (La Habana, 1921–Nueva York, 2001) también se estableció en Nueva York desde finales de la década de 1940. Muy pronto, el productor Norman Granz se fijó en él, quien le encargó una composición. Compuso entonces para Benny Goodman *Undercurrent Blues* (1949) y para Stan Kenton, *Cuban Episode* (1950). A principios de la década de 1950 creó su propia orquesta en la que participaron Mario Bauzá, Eddie Bert, Lenny Hambro, entre otros; se radicó durante un tiempo en México en donde se convirtió en el director musical del cantante Andy Russell y regresó a Nueva York más tarde, en 1965, como arreglista de Machito, Count Basie, Clark Terry, Gato Barbieri, Dizzy Gillespie, entre otros. Se le conoce como «el arquitecto del jazz afrocubano» por su enorme contribución como arreglista, no solo de jazz, sino también de otros estilos, desde el de Bola de Nieve, La Lupe, Cal Tjader, y el cuarteto D'Aida hasta el de la orquesta de Aldemaro Romero, Ringo Starr o David Bowie. En la película *Calle 54* de Fernando Trueba, director español y apasionado de música cubana, le preguntan si le gustaría volver a La Habana. Entonces Chico responde: «Me daría mucha pena ver La Habana de hoy. La ciudad no tiene nada que ver con la que conocí».

La Habana pierde a sus compositores míticos

Miami, balneario por excelencia para retirados del norte de Estados Unidos, se convierte a partir de 1959 en la capital de exilio cubano. Los primeros exiliados cuentan con cierto resquemor las difíciles condiciones en las que vivieron tras su llegada a esta ciudad en los primeros años de la década de 1960. Rodeada de zonas pantanosas (los famosos Everglades), con una infraestructura cultural que se limitaba a las zonas de ocio temporal de Miami Beach, la ciudad no era la urbe cosmopolita de hoy. Al contrario, Miami estaba marcada por el espíritu sudista norteamericano en que la discriminación racial, pero también hacia otras nacionalidades, se hallaba profundamente arraigada en las mentalidades de entonces.

Por otro lado, la población, tanto permanente como temporal, se mostraba reticente a la creación artística propiamente dicha, y se conformaba con asistir a espectáculos estereotipados con una visión turística de América Latina. Al referirse a la ciudad con que se encontraron en aquel tiempo, los primeros exiliados la comparan a menudo con un «potrero» en el que podían verse lecherías y establos no muy lejos del *Downtown*. No obstante, la proximidad geográfica con La Habana y el clima similar al de la isla hizo que los primeros exiliados decidieron instalarse allí de manera «provisional» hasta que el régimen de Fidel Castro fuera derrocado.

Por estas razones, no ha de extrañarnos que en esos tiempos no fueran muchos los compositores cubanos que decidieron instalarse allí. A diferencia de los que llegan a Nueva York, Europa u otras partes del continente americano, quienes se establecen en Miami componen temas en los que la añoranza de Cuba está muy presente. Tal fue el caso de una de las primeras revistas musicales cubanas presentadas en esa ciudad, *Añorada Cuba*, que retomó el tema de la compositora exiliada Cristina Saladrigas (Santa Clara, 1920). Perteneciente a la alta burguesía, Saladrigas quiso a toda costa que una orquesta célebre habanera grabara en la década de 1950 uno de sus temas. Fue entonces el cantante Walfrido de los Reyes quien le grabó su bolero *Ojos malvados*, acompañado de la orquesta Casino de la Playa. El título tuvo entonces mucho éxito y la compositora debutó en el ámbito musical, algo que continuó en el exilio.

Al igual que Saladrigas, Elisa "Lily" Batet (La Habana, 1916–Miami, 2003) fue otra de las compositoras cubanas que se destacó en la Cuba de la década de 1950 y tomó el camino del exilio en 1960. Temas compuestos por ella fueron grabados por Los Guaracheros de Oriente, el trío Servando Díaz y Barbarito Diez. Su madre, Lizzie Morales, había sido pianista de la Filarmónica de Cuba y a los 22 años de edad la joven Lily formó un dúo con Margot Blanco, que actuó para el presidente norteamericano Franklin D. Roosevelt un 20 de mayo de 1939. En Miami, fundó una academia de guitarra, a la vez que enseñaba este instrumento en instituciones tales como el colegio St. Patrick, el Koubek Center y la Universidad de Miami.

Del Miami de la década de 1960 quedan muchas personas vivas, pero hay muy pocos testimonios escritos. Hace apenas un año se realizó en la Torre de la Libertad una exposición (*Remaking Miami*) sobre el trabajo de una fotógrafa cubana de aquellos tiempos y rescatada del olvido por el curador José Antonio Navarrete: Josefina Tarafa Govín (1907-1982), amiga y mecenas de Lydia Cabrera e hija del coronel del Ejército Libertador José Miguel Tarafa Armas, perteneciente a una familia cubana acaudalada. Entre las imágenes pueden verse locales y anuncios de aquel primer Miami cubano, tomadas muy a principios de 1970, en el que lo mismo se anunciaba un menú con rabo encendido acompañado de arroz blanco y frijoles negros, que una Academia Cubana de Ballet (en Coral Gables), una botánica o tienda de artículos religiosos en la 2nd avenida del South West, una guarapera, una agencia de envío de medicinas y ropa a Cuba, o La Lechonera (restaurante situado en la esquina de la calle 8 y la avenida 31 del SW), el supermercado El Oso Blanco (en Flagler y la avenida 12), o la célebre Casa de las Viejas, una tienda cubana del *Downtown*. Esas imágenes constituyen hoy un testimonio de la manera en que el español y la comunidad exiliada se fueron incorporando poco a poco de la ciudad, en una época en que los inmigrantes solo representaban el 41% de la población, hasta convertirse en unos de los más influyentes del ámbito hispanoamericano en Estados Unidos.

100

Otro compositor de ese exilio fue el también pianista y cantante José "Pepe" Delgado (Las Tunas, 1923–Miami, 1990) quien llegó a la ciudad en 1961. En Cuba había integrado el conjunto Los Jóvenes del Cayo y el Colonial, este último fundado por Nelo Sosa. Fue autor de boleros como *Tus ojos, Mírame más, Corazón herido, Este amor, Cosas del alma, Cuando tú me quieras*, pero también compuso temas bailables como *Me voy pa' la luna, Mi gallo pinto, Shampú de cariño* y *El tumbaíto*, que grabó Libertad Lamarque. En Miami, promovió la carrera musical del cantante Roberto Ledesma, haciendo que éste pudiera presentarse en Les Violins Supper Club (sito en el 1751 del Biscayne Boulevard), fundado a principios de los 1960 por Lalito Castro y Manolo Godínez en el local que ocupaba el Harvies Restaurant en la década anterior. El cabaret fue, junto con el Tropigala, el más popular de la ciudad, una especie de paliativo del Tropicana habanero para los exiliados de entonces hasta que se demolió hace algunos años.

Al igual que Delgado, el compositor, actor, periodista y presentador de radio y televisión Rosendo Rosell (Placetas, 1918–Miami,

2000) llegó a Miami en 1961. En Cuba trabajó desde 1938 para las estaciones radiales COCO y CMKC. También compartió el escenario con Alicia Rico, Candita Quintana y Blanca Becerra en la Compañía de Garrido y Piñeiro, en el teatro Martí de La Habana, así como junto a Rita Montaner en las revistas *El danzón* y *El solar*, del cabaret Montmartre. De esta época datan algunas de sus más célebres composiciones como *Calculadora* (que retomó con mucho éxito el cantante venezolano Oscar D'León). En el exilio, Rosell escribió desde 1961 la columna «Mundo de estrellas» del *Diario Las Américas*, el periódico en español más antiguo de Estados Unidos todavía vigente, en la que mantuvo vivos los recuerdos musicales de la época republicana. Estas columnas fueron recopiladas en varios volúmenes por las Ediciones Universal de Miami, bajo el título de *Vida y milagros de la farándula en Cuba*, entre 1990 y 2001.

Como compositor, Rosell siguió cultivando la composición durante su exilio, en variados géneros que iban desde el chachachá y el bolero hasta el guaguancó, la canción romántica o el *boogaloo*, e incluso una pieza de salsa titulada *Cámbiame el plato* que grabó el grupo venezolano de música bailable Los Kenya. En su vasto repertorio podemos encontrar un paseíto colombiano y, por supuesto, cinco títulos nostálgicos que evocan su Cuba natal: *Santa María del Mar* (una playa situada al este de La Habana en donde Rosell había construido su propia casa), *Placetas* (su pueblo natal, en el repertorio de Eddy Léster), *Escambray* (por las montañas de este nombre de la región central, tema grabado por el grupo Los Cafros, de exiliados cubanos en México), *Cuba Libre* y *Callecitas de La Habana* (un bolero que grabó Fernando Albuerne acompañado por la orquesta de Aníbal Abreu, más tarde grabado también por el grupo Los Fabulosos).

> *[Callecitas de La Habana*
> *ventanitas coloniales*
> *de mi Habana de ayer,*
> *con el alma yo te digo*
> *no te cambio por las luces*
> *de ninguna gran ciudad.]*
> *La juventud que se fue*
> *algún día volverá*

a los brazos amorosos
de mis calles habaneras.
La noviecita querida
que abandoné entre sus sombras
mi corazón no la nombra
porque sé que la he perdido.
[...]
Cuando vuelva ya cansado
de otras bocas, de otros besos
cantarán anhelos presos,
la canción de mi regreso.

Rosell vivió las tres últimas décadas de su vida en el 1401 de la 71 Street de Normandy Isles, Miami Beach. Desde 2010, la sección de esa calle que va desde la bahía de Biscayne hasta Collins Avenue lleva su nombre por decisión de alcaldes y comisionados del Ayuntamiento.

También merecen toda nuestra atención el compositor Otilio Portal Monterrey (Camajuaní, 1914–Miami, 2009), uno de los fundadores del trío Servando Díaz y autor de *Me lo dijo Adela* (1952), un chachachá que ha dado la vuelta al mundo, conocido en inglés como *Sweet and Gentle*. Portal aceptó tocar el contrabajo en la orquesta de Pablito Cano, actuando en el cabaret Raúl 21, de Miami Beach, cuando en realidad nunca había tocado ese instrumento y también integró como guitarrista el grupo de Eddy Léster en Les Violins Supper Club. En el exilio compuso *El Paseo del Prado*, una guajira que evoca esta célebre alameda habanera.

Finalmente, a este grupo de compositores que se instalan en Miami pertenecieron Nazario López (fallecido en Miami en 1998); Guillermo Rodríguez Fiffe (Santiago de Cuba, 1907–Miami, 1995) compositor y guitarrista, autor de *Bilongo*, que los mexicanos llaman *La negra Tomasa*; Genaro Lombida (Ciego de Ávila, 1916–Miami, 1980), cuyas canciones *Confidencia* y *Mi primer amor* fueron interpretadas por Dorita Rumbeau en el Vendôme Club de La Habana; Mario Fernández Porta (Guanabacoa, 1918–Miami, 1996); Olga Rosado (nacida en 1921, fallecida en Miami en 2013), compositora de *No quiero tiqui tiqui*, *Como un eco* o *Déjate de gracia*, entre otras que grabaron la orquesta Aragón, Marisela Verena o Ela Calvo, e incluso de la letra de la canción que canta Lita del Real inspirada en la pieza *La muchacha de la valija*, del saxofonista italiano Fausto Papetti e interpretada por Claudia Cardinale en la película del mismo nombre, filmada en 1961 por Valerio Zurlini y muy popular en Cuba por ser el tema de presentación de la emisión radial *Nocturno* y, finalmente, Carlos Estrada (nacido en Guantánamo en 1930, fallecido en Hialeah en 2019), también cantante y locutor que llega a Miami en 1963 y se convierte en locutor de la WFBA La Fabulosa, creador de un dúo junto a Eduardo Espigui con el que graba el disco *Cuando salí de Cuba* acompañado por el órgano de César Morales en 1963, autor de piezas como *Vence tu orgullo*, *Agonía*, *Me contó una ola*, *Trasplante de corazón* o *Llegaste muy triste*, que grabaron Rolando Laserie, Roberto Torres y su orquesta Broadway, Marta Pérez con la orquesta de Les Violins, Blanca Rosa Gil, Tomás San Julián, Fernando Albuerne, Ñico Membiela, Los Chavales de España y el dúo Cabrisas-Farach que graba su título *Noches de Miami*.

Nazario López también fue guitarrista e integró los tríos Melódico, Habana y Avileño. En los años 1950 colaboró con la estación Radio Reloj, junto al cantante Ñico Membiela para el que escribió las canciones *Aunque lejos de ti* y *Cantaré tu canción*. Fundador del trío Los Cubanitos durante los primeros años de exilio en Venezuela, a donde llegó en 1962, y compuso *Virgencita de Puerto Rico*, invocación a la patrona de esta isla a la que cuenta sus tormentos que son los de la nación cubana:

> *Virgencita del Carmen de Puerto Rico*
> *déjame que te cuente con mi canción*
> *la tristeza que invade a mi Cuba bella*
> *las tristezas que traigo en mi corazón*
> *Virgencita del Carmen de Puerto Rico*
> *cantaré a tus hijos mi decepción*
> *que con tanta mentira hoy sufre y calla*
> *la tierra más hermosa que descubrió Colón*

Pero el título que mejor refleja el estado de Nazario López es sin dudas *He perdido una perla*, con el que el autor ocupa un sitio privilegiado en el repertorio de los exiliados cubanos:

[He perdido una perla,
la he perdido en el mar,
es una perla hermosa,
no la puedo encontrar] [...]
Una perla preciosa,
es una perla hermosa
que no puedo olvidar
[...]
Y a Dios solo le pido,
rendido ante el altar,
que me devuelva a Cuba
porque Cuba es la perla
que he perdido en el mar.

Cuba, llamada La perla del Caribe, fue objeto de la inspiración de Nazario López, quien contó en una entrevista que tuvo la idea de escribir este tema en una ocasión en que sobrevoló la isla durante un vuelo entre Miami y Caracas.

En cuanto a Fernández Porta, antes de salir de Cuba en 1960 ya había escrito *Qué me importa* (1943) y *Yo no vuelvo a querer*. En Miami fundó un dúo con María Ciérvide y escribió canciones como *No tengo corazón* y *Esta es mi noche de suerte*, así como la balada-rock *Como un volcán* que grabó Gil Servil.

En Tampa vivió muchos años Mary Cintra (Santiago de Cuba, 1922–Tampa, 2015). Se estableció en esa ciudad en la temprana fecha de 1947 y se le recuerda mucho porque se presentó en repetidas ocasiones en sitios como el Royal Theatre, el Cuban Club's, el Imperial Room o el Centro Español.

También Nueva York acogió a compositores de renombre como José Carbó Menéndez (Santiago de Cuba, 1921–Nueva Jersey, 2005) quien en 1960. Su carrera artística comenzó en 1948 cuando se presentó en el concurso de Radio Cadena Suaritos en el que ganó el primer premio con *Suriconga*, una conga interpretada por la orquesta Hermanos Palau. De sus comienzos datan la mayoría de los boleros con los que Carbó se ganó enseguida la aceptación del público: *Embrujo antillano*, *Ya me cansé de ti*, *Cuando te deje de querer*, *Hablemos de los dos*, *Es por tu bien* y *En tu ausencia*, todos cantados y grabados por Fernando Albuerne. Una segunda etapa de su creación comenzó a partir de 1943 cuando comienza a componer piezas más rítmicas como las guarachas humorísticas *Se murió Panchita* (grabada por la orquesta Casino de la Playa), *Ariel*, *En la bobera, Negra dime la verdad* y *El pasito tun tun* (que cantó Rita Montaner en la película *Al son del mambo*); así como los sones montunos *El baile del sillón* (en el filme *Un cuerpo de mujer*, dirigido por Sergio Orta y cantado por María Antonieta Pons), *Seboruco, El sofá, A burujón puñao* y *La televisión*.

No obstante, el título con el que Carbó alcanzó mayor éxito fue con la guaracha *Cao cao maní picao* que reveló el talento excepcional de Celia Cruz y que la cantante incluyó en su disco de 1953 grabado con La Sonora Matancera, bajo la dirección de Rogelio Martínez. En una carta que me escribió José Carbó Menéndez, con quien mantuve una correspondencia intensa, me comentó que esta composición la había escrito especialmente para La Guarachera de Cuba, quien además le grabó otros cinco temas durante su carrera musical.

El compositor José Carbó y Celia Cruz, New Jersey, 1988

Es imposible citar todas las composiciones de Carbó Menéndez. El compositor reconoció haber escrito unas 150, la mayor parte fuera de Cuba. Otros títulos como el danzón *Avenida 486* y *Pínchame con tenedor* (grabado por Roberto Faz), fueron también muy exitosos en la década de 1950, antes de llegar primero a Puerto Rico, gracias a la ayuda de los compositores boricuas Rafael Hernández y Noro Morales. Luego, en 1965, se instaló en Miami, fundó la Sociedad de Autores y Compositores Cubanos en el Exilio (Sacce) y escribió a partir de ese momento numerosos boleros, guarachas, pachangas, guajiras e, incluso, un tema de bossa nova llamado *Copacaban*a. Roberto Torres grabó su son montuno *El que mucho abarca poco aprieta* y Celia Cruz su chachachá *Malagradecido*, la guaracha *Quimbo quimbumbia* y la guajira *Palmeras*. A partir de su salida del país compuso boleros como *Lo nuestro, Dime cómo estás, Contigo no vuelvo más, Castígame*, así como gran cantidad de montunos como *Compay salsa, Juan cabeza de pan, Sambullo, El que mucho abarca poco aprieta, Con las glorias*, entre otros. También Xiomara Alfaro grabó en ese entonces *Guajira habanera*, la única habanera compuesta por este autor:

Habanera, habanera,
mi guajira también es habanera.
si tú naciste en La Habana,
pero no en la capital
eres guajira habanera
y no lo puedes negar
[porque el que nace en el campo,
es guajiro natural] [...]
Yo soy guajira habanera
es mi canto El Cacahual
y en su campiña esmeralda
duerme Maceo "El Titán" [...]

En esta habanera, introdujo un juego de palabras al diferenciar a las personas nacidas en La Habana capital con las originarias de la antigua provincia de La Habana Campo, en donde se encuentra el mausoleo del Cacahual, sitio donde cayó mortalmente herido Antonio Maceo en combate contra los españoles durante la guerra de independencia. En este sentido una guajira, incluso como ritmo, también podría ser habanera.

A Nueva York llegó también Eduardo Davidson (Baracoa, 1929– Nueva York, 1994), cuyo verdadero nombre era Claudio Cuza, creador de un ritmo llamado pachanga a finales de la década de 1950, que, al igual que el chachachá y las *jazz bands* dominó el universo del baile popular. En sus comienzos Davidson fue, como su coterráneo Félix B. Caignet, guionista de programas radiales y televisivos en su provincia natal, antes de instalarse en La Habana en donde logró abrirse un espacio como compositor. Fue entonces que compuso *Eleguá indio* (que cantó Gina Martín), *Cuba criolla* (grabado por la orquesta Sublime), *El último bembé* y *Novia de fin de año*, además de los chachachás *Azúcar salada*, *Sabor de Cuba* y *Pancho Calma*, antes de volver a convertirse en un exitoso guionista de novelas radiales como *El batey de las pasiones* y *Ayúdame Dios mío*. Siempre en busca de lo novedoso, lanzó en 1959 un chachachá algo diferente que titula *La pachanga*, un término del argot cubano para designar una fiesta o diversión. La pachanga se convirtió en el ritmo de los dos primeros años del castrismo, pero cuando Davidson abandonó Cuba el propio Fidel Castro lo prohibió y dejó de oírse en todo el país. Pero el baile tenía ya su propia coreografía que se-dujo inmediatamente a los bailadores en otras partes del mundo, aunque nada tuvo que ver con la pachanga que tocarán después en Nueva York músicos latinoamericanos como Johnny Pacheco, Ray Barretto o Charlie Palmieri.

En 1961, después de haber creado las pachangas *Lola Catula* y *La viuda del muerto* (redundancia que probablemente tenga una connotación humorística) y de participar en la película *Juego de pasiones*, de Ramón Peón, Davidson se exilió en Estados Unidos en donde inventó un nuevo ritmo: el bimbi, mezcla de samba bra ε silera y percusiones afrocubanas, además del frisson (en 1967), que tuvieron un éxito efímero. Es en esa época en que realizó algunos trabajos que hoy en día se identifican con el movimiento *Queer* o LGTB, como el álbum *Le chien/Mi perro* (lo que podría catalogarse como una *folie*, sin pies ni cabeza, y completamente desinhibida), además de los guiones de las películas *Soñar no cuesta nada, joven* (1968) y *Toño Bicicleta* (1975), del director nuyorikan Glauco del Mar. Haciéndose eco del dolor de los exiliados, compuso la canción nostálgica *Yo volveré*, grabada en 1962 por la cantante Zoraida Marrero y también por María Luisa Chorens:

Yo volveré, Cuba mía, yo volveré.
Yo volveré y tu suelo lo besaré.
Porque sin ti,
mis canciones no vivirán.
porque sin ti,
todo, nada se volverá.
Mis canciones no quieren
llorar la distancia,
mis canciones no quieren
vivir lejos de ti.
Lejos del mar, de ese cielo
que incita a cantar,
de tu Virgen del Cobre, de tu sol y tu sal.
Lejos de ti, Cuba mía no puedo vivir,
porque es algo terrible,
como en vida morir.
Yo volveré, necesito de tu calor,
de tu sentir, de tus besos, de tu dulzor.
Yo volveré, te lo juro que volveré.
Yo volveré y para siempre me quedaré.

Pero no solo a Estados Unidos llegaron compositores cubanos tras el éxodo de 1959. A España lo hizo en 1965 Ramón Cabrera (Bayamo, 1925–Madrid, 1993) quien había escrito un amplio repertorio de sones cuando vivía en La Habana, dedicados a pueblos y provincias cubanas: *Banes, Guantánamo, Santiago de Cuba, Manzanillo, Bayamo, Marianao, Adiós Palma Soriano* y *Oriente querido*, algunos inmortalizados por Benny Moré. También fue el creador de boleros como *Tu voz*, grabado por Celia Cruz a principios de la década de 1950 y más recientemente por el cantante mexicano Vicente Fernández en dúo con Celia y *Esperanza*. Alejado de su universo, en una España franquista y austera, la creatividad de Cabrera perdió algo de fuelle y en 23 años de exilio solo compuso *Nostálgico*, un bolero interpretado por Olga Guillot (que cambia el género para grabarlo) en que evocaba los años de juventud en Cuba perdidos para siempre:

> *Me he puesto sentimental, romántico.*
> *me has hecho así llorar y palpitar,*
> *al recordarme de aquellos tiempos*
> *pasados que ya no volverán,*
> *viejos amores, viejas heridas,*
> *que hoy vuelven a sangrar.*
> *Porque ya ves,*
> *lejos estoy de nuestras playas,*
> *me trae su sol*
> *y el susurrar de sus palmas,*
> *y aquí estoy, sentimental y romántico.*
> *[...]*

También se exilió en España, Ernesto Duarte Brito (Jovellanos, 1922–Madrid, 1988) arreglista de los mejores cantantes cubanos de la década de 1950, como Benny Moré, Rolando Laserie, Celeste Mendoza y Fernando Álvarez, además de pianista, director de orquesta y compositor. Autor de boleros muy líricos y melódicos como el famoso *Cómo fue*, popularizado en la voz de Benny Moré, Duarte nos legó otras piezas más rítmicas: *Miguel, Dónde estabas tú, Domitila* y *El baile del pingüino*. En 1957, creó su propio sello discográfico, llamado Duater, que mantuvo hasta 1960 antes de establecerse en España en 1961 en donde colaboró con el cantante Tata Ramos y se convirtió, luego, en director de la sucursal de la RCA Victor en ese país.

Duarte fundó en Cuba, en 1957, una de las casas discográficas más importantes de América Latina: Gema. Lo acompañaron en la empresa los hermanos Guillermo y Rafael Álvarez Guedes. Sus oficinas estuvieron en la calle Zapata y Ayestarán, en La Habana y en 1960 disponen de una tienda en la que venden sus discos. Duarte se separa poco después de Gema para continuar con su propio sello, mientras los Álvarez Guedes continúan con mucho éxito, incluso sumando como distribuidora a la RCA Victor de México, y después de la nacionalización en 1961. Gracias a que pudieron sacar las matrices de Cuba, Gema siguió en el exilio con un catálogo de referencia internacional.

El compositor y pianista Armando Oréfiche (La Habana, 1911–Las Palmas de Gran Canaria, 2000) fue uno de los primeros músicos de la orquesta Lecuona Cuban Boys, fundada por Ernesto Lecuona casi para recorrer todo el Viejo Continente durante la primera oleada de música cubana entre las dos grandes guerras. Con 21 años, Oréfiche encarnó el alma de esta orquesta que no tardó en dirigirla cuando, en 1932, aquejado por una enfermedad su fundador tuvo que dejarla. La orquesta grabó más de cien títulos y cuando estalló la guerra en 1939 se encontraba con un contrato de larga temporada en el International Sporting Club del Principado de Mónaco. Tras el regreso precipitado a Cuba consiguieron, poco después, contratos en California, en donde tocaron en la película *Carnaval en Costa Rica*. Una vez disuelta la orquesta, Oréfiche fundó los Havana Cuban Boys, con los que salió también de gira por toda Europa, América y Japón. En su repertorio figuraban *Mesié Julián*, *Rumba Azul*, *Habana de mi amor*, *Bombón* (que dedicó a Lola Flores), *Rumba blanca*, *Rumba colorá*, *Cubano soy*, *Bajo la luna*, *Chino Li Wong*, *La Habana en París* y *Rumba porteña*, interpretadas y grabadas por una amplia gama de cantantes entre los que se encontraban Josephine Baker, Antonio Machín, Maurice Chevalier, Armando Manzanero, Rita Montaner, Bola de Nieve, Miguelito Valdés, entre otros. A Oréfiche se le llamó «El Gershwin cubano» pero nunca se le reconoció realmente en Cuba ya que se le achacó haber adaptado «demasiado» el repertorio al gusto de los europeos. Después de exiliarse en 1961 en Madrid, en donde vivió por 30 años antes de mudarse a la mayor de las islas del archipiélago canario, nunca más regresó a Cuba.

Vinculado también con las Canarias por haber sido el lugar en que falleció, el gran compositor y pianista Ernesto Lecuona Casado (Guanabacoa, 1896–Santa Cruz de Tenerife, Canarias, 1963) es la personalidad dominante del ámbito musical cubano de la primera mitad del siglo xx. Admirado por Maurice Ravel, quien al escuchar su *Malagueña* declaró que era más hermosa y melódica que su *Bolero* y por el propio Gershwin, Lecuona buscó su inspiración en los ritmos ibéricos y africanos para crear un vasto repertorio que se caracterizó por su paleta tonal refinada y un marco armónico de una riqueza admirable. Virtuoso del piano, escribió unas 110 canciones, 176 piezas para piano, 52 zarzuelas y revistas de teatro, una ópera, cinco ballets, once partituras para filmes, tres piezas para violín, entre otras obras, muchas de ellas grabadas, entre 1993 y 1997, por el pianista Thomas Tirino acompañado de la Orquesta Sinfónica de la Radio Polaca en una colección de cuatro discos producidos por BIS, en Viena. Lecuona se había marchado de Cuba en 1960 y se había establecido en Tampa, Florida, pero un infarto le sorprendió en Santa Cruz de Tenerife, ciudad en donde murió. Fue inhumado en el cementerio de Gate of Heaven, en Hawthorne, estado de Nueva York.

De gira por Japón cuando la revolución triunfó en 1959, otro gran compositor, José Antonio Fajardo (Guane, 1918–Jersey City, 2001), estuvo muy vinculado con el auge de los ritmos latinos en Nueva York cuando, aprovechando una escala en esta ciudad, decidió quedarse y aceptar el trabajo que le proponía Catalino Rondón, director artístico del Palladium. De esa época data su composición *Sayonara*, cuyo estribillo evocaba la confusión y el caos que en ese momento reinaban en Cuba: «*Me voy pa' Japón/ y les dejo este potaje/ que no tiene solución [...]*».

Fajardo tocaba con gran maestría la flauta cuando lo contrataron en la orquesta Hilda, en donde su hermano era ya el violinista y su hermana la pianista. Después de un breve paréntesis en su carrera artística en 1936, cuando al llegar a La Habana entró en el cuerpo de la policía y del Ejército, reanudó sus lazos con la música y tocó con numerosas orquestas de la época como la de Antonio María Romeu, la de Neno González y Melodías del 40, hasta convertirse en director de orquesta en 1947 y fundar la propia, que llamó José Fajardo y sus Estrellas, debutando en 1954 en Radio García Serra y de la que fueron integrantes el pianista René Fernández, el contrabajista Israel López Cachao, el timbalero Jesús Esquijarrosa, el cantante Joseíto Valdés y el violinista Ignacio Berroa, entre otros. Con su estilo humorístico impregnó todo su repertorio de ese tiempo: *Los parqueadores*, *Dorotea*, *Los marcianos llegaron ya* y *Lo sabe ya*, entre otros chachachás que, junto a *Los tamalitos de Olga*, son hoy clásicos del repertorio cubano. En 1958, tocó durante la campaña presidencial de John F. Kennedy, en el Waldorf Astoria, y se exilió en 1961 en Nueva York, donde reconstituyó su orquesta habanera contratando al violinista Félix

Reina y grabando *Míster Pachanga*, en honor al ritmo que había inventado Eduardo Davidson. Luego tocó durante cinco años en el San Juan Hotel de Puerto Rico (entre 1965 y 1970) y al regresar a Nueva York continuó tocando en el Palladium, La Casa Blanca, el Casino 14 y otros clubes de la ciudad. En su orquesta cantaron, entre otros, Roberto Ledesma y Cali Alemán.

Nueva York acogió también a Margarita Lecuona (La Habana, 1910–Nueva Jersey, 1981), Osvaldo Farrés (Quemado de Güines, 1902–Nueva Jersey, 1985), Julio Gutiérrez (Manzanillo, 1918–Nueva York, 1990), María Hermida (Placetas–Nueva York, 1996), Néstor Pinelo Cruz (Pinar del Río–Estados Unidos, 2004), autor del célebre *Me voy para Pinar del Río, Consolación del Sur* y de *El son del pilón*, todos grabados por Celia Cruz.

Margarita Lecuona (que era prima segunda de los hermanos Ernesto y Ernestina Lecuona) ya había conquistado al público de la isla en la década de 1940 con temas afrocubanos de su propia inspiración como *Tabú* y *Babalú Ayé*, grabados por la inconfundible voz de Miguelito Valdés, a quien se le llamó de hecho Míster Babalú y era uno de los artistas latinos mejor pagados en aquella época en Estados Unidos. El tema *Babalú* fue tan exitoso que lo grabaron artistas tan diversos como Stanley Black, Bobby Carcassés, Elena Burke, Annia Linares, Jorge Negrete, Toña la Negra, Xavier Cugat, Desi Arnaz o Merceditas Valdés, entre otros. Un excelente libro sobre este gran intérprete fue publicado recientemente en Miami por la editorial Unos y Otros: *Míster Babalú*, de Dulce Sotolongo Carrington. Al exiliarse al principio de la década de 1960, Margarita Lecuona escribió dos canciones nostálgicas que evocaban su tierra: *Cuba* y *El ala triste*, esta última incluida por Zoraida Marrero en su álbum *Yo volveré*:

> *Yo soy el ala triste,*
> *de una paloma hermosa.*
> *Yo soy el ala herida,*
> *que gime temblorosa.*
> *Yo soy tu tierra hermana,*
> *querida Borinquen,*
> *una de las dos alas*
> *y el corazón también.*

Puerto Rico yo soy Cuba

que te canta

a través de mi garganta

con sollozos de emoción.

Puerto Rico, con un grito de esperanza

yo te canto esta alabanza

[por tu ayuda y comprensión,

muchas gracias Puerto Rico

te las doy de corazón] [...]

El repertorio de Margarita Lecuona incluye unos 300 títulos, entre los que figuran boleros como *Tú lo eres todo*, *Por eso no debes*, *Eclipse*, *Ya te puedes ir*, *Cariño bueno* o *Nuestro amor*, así como las guarachas *Contentura* y *Mi muñeco*. Su prolífica creación la llevó a fundar en la década de 1940 a las Lecuona Cuban Girls (en respuesta a la agrupación Lecuona Cuban Boys), que integraban las guitarristas Alicia Yánez, Josefina Levinson y Coralia Burguet. Poco después se instaló durante ocho años en Buenos Aires y regresó en 1955 a La Habana para actuar en radio y televisión, además de fundar, junto a Michel Montes y José Casino, el trío Babalú. 113

Como sabemos, Cuba y Puerto Rico son, según la tradición oral, «del mismo pájaro las dos alas» por las relaciones históricas entre las dos islas, su pasado colonial español hasta 1898 y la similitud de paisajes y costumbres. «La Tierra del Encanto» también recibió una importante oleada de exiliados cubanos, y entre ellos los músicos no faltaban. El compositor, pianista y director de orquesta Humberto Suárez (La Habana, 1920), casado con la cantante Elizabeth del Río, fue autor de *Con mi corazón te espero* (1958), una pieza que el cantante Roberto Ledesma popularizó en la década siguiente. Gran arreglista también, le debemos a Suárez los discos de Freddy y Estelita Santaló.

El compositor Osvaldo Farrés había llevado a cabo casi toda su carrera musical en Cuba antes de llegar a Nueva York. Fueron compuestos por él los títulos *Acércate más* (tema de la película *Easy to Web*, en donde actúan Esther Williams y Van Johnson), *Tres palabras* (utilizado por Walt Disney en su dibujo animado *Make Mine Music*), *Quizás, quizás, quizás* (inmortalizado por Nat King Cole en español y cantado en todas las lenguas en todas las épocas) y *Todo una vida* (una de las canciones más cantadas por los cubanos que Farrés dedicó a su esposa, con 30 años menos que él, para conquistarla, en 1943, y que han interpretado decenas de cantantes desde entonces, entre los que sobresalen Chavela Vargas, Luis Miguel, María Dolores Pradera, etc.). La historia de cómo comenzó su relación con Josefina del Peso, su futura esposa, es muy curiosa. La familia de la joven para alejarla de las pretensiones del músico decidió llevarla a vivir lejos de la capital, y siendo la radio la única forma en que Farrés podía comunicarse con ella, compuso entonces *Todo una vida* y la lanzó por las ondas radiales para que Josefina la oyera en el lugar en donde estaba.

En el exilio, Farrés compuso *Te acordarás* (grabada por Gil Sevil) y *Egoísmo* (por el Dúo Cabrisas-Farach). Su esposa, quien le sobrevivió por muchos años y siguió viviendo en Nueva Jersey, al enterarse de la publicación en francés de este libro, me envió una extensa biografía del compositor y me contó, en una carta fechada en abril de 2004, que salieron del país en 1962 aprovechando un contrato de Farrés para escribir una zarzuela en Madrid, y que el propio Fidel Castro, cuando se enteró que se habían puesto a salvo y que no volverían, ordenó el saqueo y quema de las propiedades que conservaban en su casa habanera, perdiéndose para siempre gran cantidad de materiales relativos a la música cubana.

En cuanto a María Hermida, fue la autora de *El vals de los 15* (grabado por René Cabel), *Ya se me está pasando* (en la voz de Fernando Albuerne), *Mi secretico* y *Resuelva mi problema* (por el trío Servando Díaz), entre otras composiciones.

Por su parte, Julio Gutiérrez fue también un gran arreglista, pianista y director de orquesta que comenzó su carrera musical con la orquesta Casino de la Playa en la década de 1930. En esa época escribió los boleros *Cuando vuelvas a quererme*, *Macurijes* (nombre del pueblo en que nació Arsenio Rodríguez), *Desconfianza* y algunas congas. Fue director musical del Canal 4 de la televisión cubana y en 1954 fundó su propia orquesta, convertida en la agrupación de plante de la RHC Cadena Azul. A finales de la década, el Dúo Cabrisas-Farach grabó algunas de sus composiciones. Le debemos también títulos mundialmente conocidos como *Un poquito de amor*, *Llanto de luna* y, sobre todo, el bolero *Inolvidable* (1944, que han grabado Luis Miguel, Roberto Carlos, Diego el Cigala,

Tito Rodríguez, entre otros), además de unos cuantos mambos, chachachás, boleros, así como *Con el diablo en el cuerpo*, pieza que dio origen al primer trabajo discográfico de La Lupe.

Podemos añadir a los mencionados a Charles Abreu (La Habana, 1919), pianista y autor de *Te necesito, Cariño mío* y *La vida mía*; así como a Cristóbal Dobal, bajista del conjunto habanero Casino y autor de boleros como *Inteligentemente* y *Comprensión*, ambos llegados también a Estados Unidos a principios de los años 1960.

Otro de los compositores que tras llegar al exilio vio muy disminuida su creatividad musical fue José Dolores Quiñones (Artemisa, 1918–Saint Lys, cerca de Tolosa, Francia, 2008). Exiliado en el país galo en la década de 1960 fue una de los grandes creadores de la canción romántica cubana y del bolero. Había vivido en México, país al que llegó en 1944 en donde tocó con el trío Los Tropicales. Entre sus títulos más destacados figuran *Vagar entre sombras, Camarera del amor, Que me hace daño* (que grabó Moraima Secada), *Vendaval sin rumbo, Cien mil cosas* y *Quémame los ojos, Mi cocodrilo verde* (que grabó Caetano Veloso), *No te burles* (interpretada por Toña la Negra), *Me has dicho que sí* (inmortalizada por Lola Flores y Antonio González), pero el más universal de sus boleros fue *Los aretes de la luna*, compuesto en 1955 y grabado en 1958 por Vicentico Valdés y La Sonora Matancera, y más tarde José Feliciano, entre otros. Poco conocida fue su labor de investigador de la música precolombina cubana de la que reconstruyó los instrumentos de percusión, aunque también de la afrocubana. Sobre este tema se publicó en francés un interesante ensayo de su autoría titulado *Vestiges de l'héritage siboney. Folklore de Cuba* (Ed. Barre et Davez, París, 1995, 139 pp.) y también en español *Folklore de Cuba* (1970).

La Europa de después de la Segunda Guerra Mundial estaba más fascinada por los ritmos norteamericanos, con Elvis Presley y el rock and roll encabezando la lista de preferencias, que por la música cubana que había, para ese entonces perdido su posición preponderante de décadas anteriores. Tal vez haya sido la razón por la que muchos de los grandes compositores cubanos que se exiliaron en el Viejo Continente cayeron en el olvido. Entre estos, por ejemplo, uno de los iconos de la música en las décadas de 1940 y 1950, Ramón Bebo Valdés (Quivicán, 1918–Estocolmo, Suecia, 2013), quien durante décadas permaneció en un anonimato casi total en Suecia, el país en donde había escogido establecerse, hasta que el saxofonista Paquito D'Rivera le propone grabar en 1994, por recomendación del musicólogo Cristóbal Díaz Ayala, el álbum *Bebo Rides Again*.

Bebo Valdés comenzó a tocar en la orquesta de Julio Cuevas para el que compuso el mambo *Rareza del siglo*. Más tarde tocó, a partir de 1952, con la orquesta de Armando Romeu en el cabaret Tropicana, del que fue arreglista y director musical durante diez años a partir de 1948. Fue en ese periodo en que el productor norteamericano le encargó la primera jazz sesión creada en Cuba. Infatigable, Bebo inventa la batanga, un nuevo ritmo que no prendió como el mambo y el chachachá. En cambio, para muchos especialistas su pieza *Con poco coco* representa el nacimiento del jazz latino. Cuando triunfó la revolución de 1959, Bebo tocaba en el hotel Sevilla-Biltmore de La Habana, que no tardó en ser nacionalizado. Al no querer integrarse al proceso «revolucionario» el gobierno suspendió el programa radial que animaba en Radio Progreso, detonante para que abandonara definitivamente, en 1960, el país al que nunca quiso volver, a pesar de que su hijo, el pianista Chucho Valdés era uno de los más prestigiosos del país. En su primer exilio Bebo vivió en México en donde se convirtió en consejero musical del cantante chileno Lucho Gatica, y emprendió una gira con los Havana Cuban Boys a través de Europa. Cuando el grupo se presentó en Dinamarca Bebo se enamoró de una sueca y decidió entonces establecerse en la gélida Estocolmo, en donde vivió olvidado por cuatro décadas, dando clases de baile y tocando en el piano-bar de un hotel chic. El 26 de octubre de 1996 se presentó en el Gusman Center de la Universidad de Miami en donde tocó por primera vez, después de más tres décadas, para un público cubano. Su vitalidad no había mermado pues compuso diez temas para aquella ocasión («Bebo vuelve a su gente», Norma Niurka, *El Nuevo Herald*, 25 de octubre de 1996).

Del olvido lo sacó también Fernando Trueba en el 2000 cuando le propuso participar en el documental dedicado al jazz latino *Calle 54*. El documental tuvo tanto éxito que hasta un elegante club nocturno abrió con ese nombre, en el Paseo de La Habana, en Madrid, en aquel entonces. Para este trabajo padre e hijo, que se habían perdido de vista durante años, volvieron a encontrarse. Chucho era ya un mítico pianista, Bebo una leyenda viviente. En 2008 grabaron el álbum *Juntos para siempre*, producido por Sony. Fue entonces que Trueba pensó en un disco en que el piano de Bebo Valdés acompañara la extraordinaria voz del cantante de flamenco Diego el Cigala. El resultado fue uno de los álbumes más espectaculares del siglo XXI: *Lágrimas negras* (2003), indiscutible éxito planetario y ganador de un Grammy como mejor disco de música tradicional en 2004. Bebo Valdés desde su exilio y Compay Segundo desde la isla fueron los dos grandes de la música cubana rescatados del olvido al que las circunstancias históricas habían condenado. Al primero por exiliado, al segundo porque la vieja trova santiaguera no tenía cabida en las preferencias musicales del pretendido hombre nuevo que intentaban forjar en la Cuba del castrismo.

Trueba le encargó también a Bebo Valdés lo que fue su último trabajo: la música del filme de dibujos animados *Chico y Rita* (2010). Para esa fecha, ya vivía en Andalucía, pero la enfermedad del Alzheimer empezaba a dar sus primeros signos y la pérdida de Rose-Marie, su esposa durante 50 años, aceleró el proceso. Sus hijos suecos decidieron trasladarlo entonces a Estocolmo, donde falleció, poco después, a los 94 años.

Silenciados por el régimen

En 1960, un año después del triunfo de la revolución, una cantidad considerable de intérpretes había abandonado el país. Citarlos a todos es imposible y, probablemente, algunos no quedarán mencionados en una lista que incluye, además de las ya mencionadas Olga Guillot, Zoraida Marrero y La Lupe, a:

Carlos Alas del Casino: Nacido en Guanabacoa en 1917, quien cultivó el género de guajiras, grabó con la orquesta de los Hermanos Castro y la de Alfredo Brito, y continuó cantando en el exilio, en donde murió, en Miami, 1993.

Fernando Albuerne: Nacido en Sagua de Tánamo en 1920, quien cantó en numerosos escenarios musicales como el cabaret Tropicana y el teatro América escenario donde dirigió la revista musical *Cuba, canta y baila*, antes de realizar varias giras por Europa y América Latina y exiliarse en Venezuela primero y en Miami después, ciudad en que participó en 1979, junto a Rosendo Rosell, en *El show de los grandes*, y donde falleció en el 2000.

Xiomara Alfaro: Nacida en Marianao en 1930, integró las célebres Mulatas de Fuego junto a Elena Burke y Celia Cruz, y participó en varias revistas musicales en el cabaret Sans Souci, de donde partió hacia Las Vegas en 1952, antes de ser contratada por la coreógrafa Katherine Dunham para integrar su ballet afroamericano con el que actuó en Portugal, España, Francia, Grecia, Bélgica, Italia y Argentina, así como en la película italiana *Mambo* (1954), protagonizada por Silvana Mangano. Formó parte del show de Tropicana tras su regreso a La Habana, para grabar luego con la orquesta de Ernesto Duarte y ser contratada por el Moulin Rouge, de París, y continuar de gira por toda América Latina, grabar con el maestro Adolfo Guzmán en la capital cubana, con Bebo Valdés e instalarse en Nueva York a principios de los 1960 donde continuó actuando en películas mexicanas y en otros teatros del mundo hasta su muerte en Cape Coral, Florida, en 2018.

Blanquita Amaro: Nacida en San Antonio de los Baños en 1923, bailarina sin par que participó en numerosos filmes como *Escándalo de estrellas* (1944), junto a Pedro Infante o *Embrujo antillano* (1947), con la vedette cubana María Antonieta Pons, así como en gran cantidad de revistas musicales argentinas, antes de instalarse en 1959 en Panamá, en donde animó un programa radial nocturno y vivió hasta 1968, año en que se instaló en la Florida. En Miami produjo y dirigió su propio programa de televisión, presentó durante 28 años el show *Cuba canta y baila* en el Miami Dade County Auditorium y falleció en 2007.

Pilar Arcos: Nacida en La Habana en 1893, intérprete de coplas, zarzuelas, cuplés, tangos y boleros, hija del empresario de circo Manuel Pubillones, a quien llamaban La reina del couplé, fallecida en Los Ángeles, California, en 1990.

Renée Barrios: Nacida en La Habana en 1933, quien formó junto a Nelia Núñez, el conocido dúo Nelia y René en 1957, contratada por el club Pasapoga de Caracas en 1958, y se instaló durante más de una década en Puerto Rico, antes de establecerse en Miami desde 1976. En esta ciudad pudo vérsele animar, junto a Delia Díaz de Villegas, a partir de febrero de 2001 el espectáculo *Viejas noches habaneras*, en el hotel Nacional de Miami Beach. Falleció en Miami, en 2017.

Benny Castillo: Nacido en Regla en 1921, exiliado en Miami desde 1962 en donde se unió a Ricardo Ferrera para cantar hasta el fallecimiento de éste. Fue fundador del trío Castillo.

María Ciérvide: Nacida en Manguito, Matanzas, en 1917. Integró junto a Zoraida Marrero y Georgina Dubouchet el trío Lecuona. Falleció en Miami en 2009, en donde había acompañado a grandes de la música cubana como Hortensia Coalla, Blanquita Amaro, Olga Guillot, Manolo Torrente, René Touzet, entre otros.

María Luisa Chorens: Nacida en 1915, fallecida en Miami en 1999.

Hortensia Coalla: Nacida en La Habana 1907, cantante lírica que interpretó numerosas zarzuelas cubana de Ernesto Lecuona, Gonzalo Roig y Rodrigo Prats, exiliada en Estados Unidos en 1959 y fallecida en Miami en el 2000, dos años después de haber recibido un homenaje en el que cantó *Desengaño*, una de las piezas de Lecuona.

América Crespo: Soprano nacida en Artemisa en 1922, fallecida en Miami en 1995.

Bertha Dupuy: Gran cantante de boleros nacida en Río Seco, Guantánamo, en 1933 y fallecida en Los Ángeles en 2007.

Sarah Escarpenter: Soprano.

José Antonio "Chamaco" García: Nacido en Santiago de las Vegas en 1938, quien cantó con las orquestas Havana Cuban Boys, Riverside, los Hermanos Castro, la de Ernesto Duarte, la del cabaret Capri, entre otras, antes de partir en 1960 rumbo a México y Argentina con la compañía de Roderico Neyra, Rodney y establecerse en Miami en 1970, ciudad en la que siguió muy activo actuando en musicales, piezas de teatro, comerciales, programas de televisión como *Con la alegría de la música*. Falleció en Miami, en 2016.

Welfo Gutiérrez: Nacido en Santiago de las Vegas en 1942, cantante de La Sonora Matancera entre 1973 y 1976 con la que se mantuvo estrechamente vinculado hasta 2004 en que participó en el concierto de esta orquesta en Fort Worth, Texas. Falleció en Ciudad México en 2005.

Luisa María Hernández: Conocida como La India de Oriente, nacida en El Cobre en 1920, fallecida en Miami en 2006.

Marión Inclán: Cantante y compositora nacida en La Habana en 1925, de amplio reconocimiento en América Latina y fallecida en Miami en 2009.

Hilda Lee: Actriz y mezzosoprano chino-cubana nacida en La Habana en 1925, vocalista de Ernesto Lecuona. Animó programas y revistas musicales en Cuba en donde cautivó al público por sus exóticos atuendos orientales y la finura de su voz. Se exilió en Nueva York en 1960, en donde se casó con el músico cubano Felipe Dulzaides. Falleció en Nueva York en 2013.

Belisario López: Nacido en Cárdenas en 1903, quien comenzó como flautista en la orquesta de Neno González hasta fundar en 1928 su propia agrupación que evolucionó con el tiempo hasta convertirse en punto fijo en los Jardines de La Tropical durante 17 años consecutivos, entre 1940 y 1957 y amenizar más de 300 bailables a lo largo y ancho de la isla durante la época republicana. Se exilió en Nueva York en 1960 después de haber grabado en Cuba un último disco de danzones en Radio Progreso, y falleció en esta ciudad en 1969.

Zenaida Manfugás: Nacida en Baracoa en 1932, fue una de las más prominentes pianistas cubanas de todos los tiempos, estuvo muy activa en Cuba en la década de 1960 hasta que partió hacia España en 1970 donde realizó un concierto memorable en los Reales Alcázares de Sevilla hasta que fijó su residencia en 1974 en Nueva York y falleció en Elizabeth, Nueva Jersey, en 2011.

Velia Martínez: Cantante, actriz y bailarina nacida en Tampa en 1920, de padres cubanos y establecida en La Habana en 1941, en donde se convirtió en una de las figuras destacadas de las noches del cabaret Montmartre y actuó junto a Errol Flynn en la película *The Big Boodle*. Tuvo mucho éxito y aceptación del público por su actuación en la serie televisiva *¿Qué pasa, USA?* Falleció en Miami en 1993.

Ñico Membiela: Genuino bolerista nacido en Zulueta, Villaclara, en 1913. Se convirtió en uno de los cantantes favoritos del Ali Bar junto a la cantante Blanca Rosa Gil. De timbre de voz muy especial, llegó tarde al éxito, a principios de la década de 1960. Falleció en Miami en 1998.

Alicia Parlá: Célebre rumbera de la orquesta de Don Aspiazu nacida en 1914. Bailó en el París de entreguerras con el nombre de Marina, y Alejo Carpentier, que la vio bailar, la llamó «alma intangible de la rumba», en una época en que enseñaba los pasos de la rumba a Eduardo, príncipe de Gales y a Josephine Baker. Exiliada en Miami en la década de 1960, trabajó como asistente administrativa de un hospital, y falleció en esta ciudad en 1988.

Marta Pérez: Mezzosoprano cubana nacida en La Habana en 1924, quien comenzó sus actuaciones líricas a los 13 años, interpretó zarzuelas de Lecuona, con quien realizó una gran gira por Estados Unidos, y se convirtió, junto a Zoila Gálvez, en una de las pocas cantantes líricas cubanas en cantar en La Scala de Milán, hecho que ocurrió en 1955, cuando interpretó el papel de Preziosilla en la ópera *La fuerza del destino*, de Verdi, junto a Renata Tebaldi. En Miami fue cofundadora de la Sociedad Pro-Arte Grateli en 1967. Falleció en esta ciudad en 2009.

Yvette Hernández: Nacida en Guantánamo y fallecida en Nueva York, en 2021, a los 88 años, fue una de las más destacadas pianistas cubanas desde que debutó a los 12 años de edad junto a la Orquesta Filarmónica de La Habana, interpretando el *Capriccio brillant* de Mendelssohn, bajo la dirección de Erich Kleiber. Ganó diversos premios como el del Conservatorio de París y el concurso Louis Moreau Gottschalk de la Universidad de Dillard, en Nueva Orleans. En 1968 se exilia en España y cuatro años más tarde se establece en Estados Unidos donde ofreció en 1972 su primer concierto en el Carnegie Hall.

Blanca Varela Acosta: Soprano nacida en Camagüey en 1927 quien fue la primera en cantar piezas líricas en una revista de cabaret como la del Tropicana, bajo la dirección del célebre Rodney. Se le considera la mejor intérprete de la zarzuela *Cecilia Valdés*, e interpretó muchas otras a lo largo de su carrera musical. Llegó al exilio en 1961, y después de unos años de vida en Detroit se instaló en Miami a partir de 1967 en que durante dos décadas fue la figura principal de la Sociedad Pro-Arte Grateli, cuya sede fue durante décadas el Miami Dade County Auditorium.

Panchito Riset: Cantante y guitarrista nacido en La Habana en 1910, quien cantó en el Septeto Habanero y en la charanga de Ismael Díaz, y luego en el Nueva York de los años 1930 con el grupo de Rafael Hernández y el Cuarteto Caney, entre otros, hasta su regreso a Cuba en 1949. Volvió a la Gran Manzana en 1956 hasta su muerte en esa ciudad en 1988 en donde siguió cantando en público a pesar de haber sido amputado de sus dos piernas.

Manolo Fernández: Cantante de tangos que llamaban «El Gardel cubano», nacido en Párraga, La Habana, en 1922. Pidió asilo en la embajada de Chile en La Habana, en 1959, y se radicó en Puerto Rico y luego en Miami, en donde fundó junto a Rosendo Rosell el primer teatro del exilio, llamado Radiocentro. Falleció en esta ciudad mientras se presentaba en el Dade County Auditorium, un 8 de junio de 1986, al disponerse a cantar *Caminito*.

122

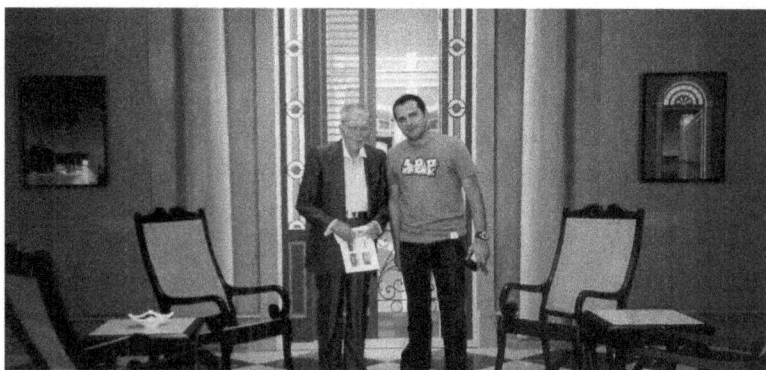

Rosendo Rosell y el autor. Cuban Heritage Collection, Univ. Miami, agosto del 2004

Julie Rufino: Nacida en La Habana en 1938. Integró junto a su padre Carlos Rufino, su madre Mercedes Villarte y su hermano Carlos Rufino un célebre cuarteto en La Habana de finales de 1950.

Falleció en Miami en 1987, así como su madre, conocida como «Mamá Rufino», dos años después.

Lalita Salazar: Mezzosoprano que salió al exilio rumbo a Venezuela en 1960.

Estelita Santaló: Soprano nacida en La Habana en 1931, muy popular en los programas televisivos cubanos de la década de 1950 y solista de la Banda Municipal de La Habana que dirigía el maestro Gonzalo Roig. Se exilió en West New York a principios de 1960, en donde falleció en 2015.

Doris de la Torre: Cantante de *feeling* nacida en Santa Clara. Colaboró con la pianista santiaguera Numidia Vaillant y Ela O'Farrill (nacida en Santa Clara en 1930 y exiliada en México a fines de la década de 1960), antes de formar parte del cuarteto de Felipe Dulzaides en Tropicana y más tarde, en 1961, en el cabaret Caribe del hotel Habana Hilton junto a Elena Burke y, en 1963, en el club Karachi con el pianista Peruchín. Marginada como cantante decidió abandonar el país en 1969 y se instaló brevemente en España y, luego, en Nueva York y Miami. En esta última ciudad cantó junto a Meme Solís. Falleció en 2003 en Santa Clara, en su ciudad natal, a donde pidió la dejaran regresar cuando supo que, enferma, no tardaría en morir.

Miguelito Valdés: Cantante nacido en La Habana, en el barrio de Belén, en 1916, autor también de algunas piezas como *Dios te bendiga*, *Bongó bongosero*, *Veracruz* y *Las jardineras*. Falleció en Bogotá, en 1978, de un paro cardíaco mientras actuaba ante el público del hotel Tequendama.

Olga Chorens y Tony Álvarez: Formaron el dúo de artistas más querido de la televisión cubana después de 1952, a donde llegaron con *El show de Olga y Tony*, después de sus actuaciones en Radio García-Serra y en *La Corte Suprema del Arte*, y luego de una gira con Tony de cinco años por Suramérica y tras un contrato en Radio Progreso en 1950. La salida de ambos de Cuba en 1963 rumbo a México, una auténtica odisea, fue contada por Olga en detalles en una entrevista realizada por Judy Cantor Navas en 2019. En el exilio logran comenzar como presentadores de un programa de televisión en Puerto Rico. Tony falleció en 2001 y Olga, nacida en La Habana en 1924, vive aún.

Dúo Cabrisas-Farach: Integrado por la cantante Irene Farach, nacida en Caibarién en 1929 y fallecida en Miami en 2015, y el cantante Jesús Cabrisas, natural de Matanzas, quienes llegaron al exilio de Miami en 1962.

Enrique Ferrales, Papito: Nació en Sancti Spíritus en 1915. Cantante y guitarrista de la orquesta de Cheo Belén Puig. Falleció en Miami, en 1997.

Rodolfo Hoyos de la Caridad: Nacido en 1922. Cantante de La Sonora en Radio Progreso. Llegó a Miami en 1960 y trabajó con la orquesta de Les Violins. Falleció en esta ciudad en 2001.

Luis Orlando Beltrán: Nació en La Habana en 1934. Comenzó su carrera musical como cantante de la orquesta Sensación y luego de Los Jóvenes del Cayo, Melodías del 40 y Casino de la Playa. Se exilió en California en donde fundó un combo y luego una orquesta. Falleció en Carson, California, en 2019.

Otros se establecieron en México y allí continuaron hasta su muerte su carrera musical. Entre ellos, recordaremos a:

Celio González: Nacido en Camajuaní en 1924, cantante por excelencia de La Sonora Matancera al que llamaban «El flaco de oro». Falleció en Ciudad México en 2004, país en que se exilió cuando en 1960, tras regresar a Cuba después de una gira, descubrió que le habían confiscado todos sus bienes.

Orlando "Cascarita" Guerra: Nacido en Camagüey en 1929, cantante de amplio repertorio de guarachas, sones y pregones, quien cantó y grabó con los Hermanos Palau, la orquesta de Julio Cuevas, la Casino de la Playa, la orquesta de la CMQ en el show de Germán Pinelli, hasta que se exilió en 1960 en México, en cuya capital falleció en 1975.

Sin olvidar que hacia Puerto Rico partieron muchos y, aunque algunos terminaron estableciéndose en Estados Unidos, otros decidieron quedarse en la Isla del Encanto, en donde fueron admirados y queridos por el público, como el ya mencionado Guillermo Portabales, además de:

Elizabeth del Río: Actriz y cantante nacida en La Habana. Inició su carrera con el conjunto de Humberto Suárez, con quien se casó. Participó en algunas películas cubanas de la década de 1950 como *Siete muertes a plazo fijo*, y se exilió en la década de 1960 en Venezuela, para establecerse luego en Puerto Rico, en donde falleció en 2005.

Félix Escobar: Cantante nacido en Manzanillo en 1923 y último de los integrantes de Los Guaracheros de Oriente en fallecer, un cuarteto fundado en Cuba por Ñico Saquito en 1946, junto a Florencio Santana y Gerardo Macías, quienes también se establecieron en Puerto Rico en donde continuaron con el grupo sin Ñico Saquito que decidió regresar a Cuba. Falleció en Carolina, Puerto Rico, en 2006.

Algunos intérpretes que ya vivían fuera de Cuba, decidieron quedarse en el extranjero después del triunfo de la revolución. Fue el caso de Antonio Machín, en España; Oscar López y los hermanos Barreto, en Francia; Rodolfo "Rudy" Calzado y Graciela, en Nueva York; Bienvenido Granda, cantante de La Sonora Matancera, primero en Colombia y luego en México; dos de los integrantes del Trío La Rosa –Julio León y Juan Antonio Serrano–, establecidos en Maracaibo, Venezuela, desde 1958 o las Hermanas Castro –Peggy, Chérie y Babette Fernández de Castro Buchanán– en Nueva York. Sin olvidar al cantante Ramón Quián Sardiñas (Manguito, 1925–Nueva York, 2006) quien había cantado en Cuba con la orquesta Modernista y el Conjunto Modelo, antes de partir rumbo a México en la década de 1950 y, posteriormente, hacia Nueva York, en 1962, en donde participó en la orquesta Broadway, grabó su primer disco junto a Arsenio Rodríguez, integró el conjunto de Johnny Pacheco y actuó en numerosas películas.

De este grupo forman parte también los Hermanos Rigual –Carlos, Pedro "Pituco" y Mario– originarios de Banes, en la provincia de Oriente (de quienes se ha dicho erróneamente que eran de Guantánamo), primos de Absalón Pérez, gran pianista, también de Banes, radicado en México, en donde dirigía una popular orquesta y había acompañado a Toña la Negra y Pedro Vargas, razón por la cual los hermanos llegaron también al país azteca desde principios de la década de 1950. Fue en México en donde grabaron, en 1961, uno de los *slow rock* más exitosos de la época: *Cuando calienta el sol*, influenciado por los grupos de cantantes norteamericanos como The Platters y The Coaster, un *hit* que se escuchó en todo el mundo, y llevó a los Rigual a escenarios tan diversos como París, Londres, El Cairo, Venecia o Nueva York, y del que existen unas mil versiones. Este éxito les valió en 1980 el premio de la Broadcast Music Inc. de Estados Unidos por llegar al millón de ejecuciones en radiodifusoras norteamericanas. Quizás porque el contenido era banal, o porque simplemente vivían en Cuba desde antes de 1959, la canción tuvo mucha popularidad en la isla, en donde otro grupo, llamado Los Zafiros, componía e interpretaba también este tipo de música. Los Rigual participaron en algunas películas mexicanas de la década de 1960 y realizaron varias giras por Argentina, Estados Unidos, Canadá e Italia, e incluso participaron el Festival de San Remo de 1964, en donde interpretaron la canción *Sole sole*, de Zanin-Cascadei. De ellos, Carlos Rigual lanzó, por su parte, exitosos temas como *Corazón de melón*, un título que acompañó 60 años después la película oscarizada *Roma*, en la versión de la orquesta de Pérez Prado. Carlos Rigual falleció en México en 1994 y de los otros dos hermanos no tengo noticias.

Tal vez el mejor ejemplo, por su enorme notoriedad internacional y porque en la Cuba republicana era ya una referencia para el público, es el de Celia Cruz (La Habana, 1924–Nueva Jersey, 2003), quien se exilió en México un 15 de julio de 1960. En una entrevista para *El Nuevo Herald* contó que, una vez en el avión en que viajaba con La Sonora Matancera con destino a este país, Rogelio Martínez, quien era entonces el director de la orquesta, le había confiado que se trataba de un viaje sin regreso. En 1962, cuando terminó su contrato con el Teatro Lírico de México decidió instalarse definitivamente en Nueva York. Dejaba detrás a su madre enferma en Cuba, pero cuando pidió autorización para visitarla, el propio Fidel Castro, en persona, se la negó. En ese mismo dosier, publicado por *El Nuevo Herald* el 28 de diciembre de 2002, Celia cuenta con resignación y amargura que ni siquiera la dejaron asistir al entierro de su progenitora, poco tiempo después. En otra entrevista, esta vez para el periódico francés *Le Monde*, confesó que su mayor anhelo era "regresar a su tierra, Cuba, para ver a su familia y poder visitar la tumba de su madre" … pues cuando murió "[los del Gobierno] no me autorizaron regresar para enterrarla y eso significó un inmenso y atroz dolor" («Questions à Celia», por Patrick Labesse, *Le Monde*, 26 de julio de 1998).

Por supuesto, décadas después, el régimen hubiera autorizado tal vez el regreso de Celia, pero en esa misma entrevista la cantante añadió: «mientras dure ese régimen yo no regreso». Celia falleció sin poder cumplir su sueño, y en realidad a donde único pudo ir fue a la Base Naval de Guantánamo, en la provincia oriental de Cuba, en donde estuvo en febrero de 1990, invitada por el Congreso para cantarle a un grupo de cubanos exiliados en ese territorio. Su viaje a la Base fue muy emotivo. Un cliché del fotógrafo Carlos M. Guerrero de *El Nuevo Herald* fija el momento en que Celia se agacha y recoge un puñado de tierra del otro lado de la cerca y la echa en un vasito.

En julio de 2003 el público recibe consternado el anuncio de la muerte de Celia, idolatrada no solo por sus méritos artísticos, sino también por sus innumerables acciones en favor de instituciones caritativas, enfermos, personas necesitadas. Sus funerales, primero en Miami, luego en Nueva York, fueron un acto multitudinario de homenaje. En Miami, 170 mil personas desfilaron ante su féretro colocado en una capilla ardiente en la Torre de la Libertad, edificio altamente simbólico por ser el primer centro de acogida de los primeros exiliados. La cola para acceder al edificio se extendió durante varias manzanas del *downtown* y muchos se quedaron sin poder entrar. En Nueva York, el alcalde de la ciudad vino personalmente a rendirle tributo durante la misa de despedida que tuvo lugar en la catedral Saint Patrick. El cortejo atravesó Manhattan y todos los periódicos y canales del mundo cubrieron el evento y le dedicaron las primeras planas. En Cuba, solo aparecieron dos pequeños párrafos en la prensa oficial.

Personalmente recuerdo que, cuando vivía en Cuba, la primera y única vez que oí hablar de ella fue a unos vecinos originarios de Santos Suárez que, con mucho misterio, me mostraron un casete con grabaciones de sus canciones. Corrían los años 1980 y Celia era apenas conocida por las nuevas generaciones de cubanos nacidos como yo después del triunfo de la revolución. Aquellos vecinos tenían parte de la familia en Santos Suárez, el barrio de Celia, y venían del mismo barrio que la cantante. Recuerdo que por la manera confidencial con que la evocaron sospeché que algo raro sucedía, y cuando averigüé con otras personas mayores me dijeron que había sido una cantante famosa, pero que estaba prohibida porque se había ido del país. En aquella época, por supuesto, no existía Internet ni las redes sociales de hoy en día. Por eso, es posible decir que durante más de tres décadas los cubanos que nacieron después del triunfo de la revolución vivieron sin saber de la existencia de una de las voces más admirables de la isla.

Imposible resumir la carrera trepidante de La Guarachera de Cuba desde que en 1940 se inscribió y ganó el concurso que organizaba Radio García Serra en el marco de su emisión *La hora del té* hasta su muerte. Guiada por Isolina Carrillo, Celia cantó en las radios CMQ (*La Corte Suprema del Arte*) y RHC Cadena Azul, grabó con la Gloria Matancera el tema *Ocanosordi*, participó en el carnaval de Maracaibo con la orquesta de mujeres Anacaona y, en 1947, grabó con la orquesta de Ernesto Duarte temas como *Cumbanchero* y *Quédate negra*, hasta que Roderico Neyra, el célebre Rodney, director musical de Tropicana, la incluyó en Las Mulatas de Fuego, con quienes viajó por primera vez, en 1948, a México. Como Myrta Silva, la cantante puertorriqueña de La Sonora Matancera, había dejado la orquesta, necesitaron encontrar con urgencia una voz que la remplazara. Al parecer no todo fue color de rosas porque el público, acostumbrado a Silva, se mostró poco entusiasmado con Celia, a quien Rogelio Martínez, director de La Sonora Matancera, aupaba y trataba de imponer, convencido de que había elegido lo correcto. Incluso, cuando la Seeco grabó los dos primeros números de La Sonora con Celia (*Cao cao, maní picao* y *Mata siguaraya*) dudaron del resultado obtenido. Poco después, encontramos a la cantante en la revista *Sun sun babae*, del cabaret Sans Souci y, en 1953, en la revista *Carioca* del cabaret Tropicana, antes de partir al año siguiente de gira por Colombia. Poco a poco, se afirmó con La Sonora Matancera, formó dúos inolvidables con Bienvenido Granda, participó en numerosas películas (*Una gallega en La Habana, Olé Cuba*), recorrió América Latina, triunfó en 1957 en el Palladium de Nueva York, ganó un Disco de oro por *Burundanga*, y partió en un viaje sin regreso, rumbo a México, con La Sonora Matancera y su futuro esposo, Pedro Knight (Matanzas, 1921–Los Ángeles, 2007), quien era trompetista de la orquesta y con quien se casó en 1962.

La fulgurante carrera de Celia Cruz en el exilio, en donde grabó más de 80 discos, le valió, entre muchos otros premios y distinciones, una estrella en el paseo de la fama en Hollywood (1987), cinco premios Grammy, tres doctorados Honoris Causa en universidades norteamericanas (Yale, Florida International University y Miami University), el National Endowment for the Arts (1994), de manos del presidente Bill Clinton, que es el mayor reconocimiento que entrega este país a un artista. Además de 23 discos de oro y decenas de platino. La principal arteria del South West de Miami (la Calle Ocho), lleva su nombre desde 1991 y la ciudad de San Francisco declaró oficialmente el 25 de octubre como «Día de Celia Cruz». En Juan-les-Pins, localidad azureña de la Riviera Francesa en donde tiene lugar, desde 1960, un afamado festival de jazz, la huella de la mano de Celia Cruz está en la célebre «Alameda de las Huellas». Tras su muerte, una escuela del Bronx, la Celia Cruz Bronx Hight School of Music, quedó inaugurada en 2003 y el carnaval de Santa Cruz de Tenerife de 2004 le dedicó el tema principal de esa edición. En 2005, el Museo Nacional de Historia Americana, administrado por el Instituto Smithsonian, en Washington DC, le dedicó la exposición ¡Azúcar! y en 2011 el servicio postal de Estados Unidos imprimió un sello con su imagen.

Otra cantante cubana exiliada de renombre poco conocida en la Cuba poscastrista fue La Lupe ya evocada con anterioridad. A pesar de haber grabado unos 22 discos hasta 1980 en su país natal, pocos jóvenes nacidos después de 1959 la conocían. Cuando la mencionaba entre cubanos de ese periodo me decían que pensaban que se trataba una cantante mexicana. En 1967, la diva santiaguera incluyó en su disco *Two Sides of La Lupe*, el título *El emigrante*, de Juanito Valderrama y, dos años después, grabó *Me siento guajira*, que da fe del orgullo que sentía por sus raíces:

129

> *Como no puedo volver*
> *a mi tierrita cubana*
> *yo me voy a recorrer*
> *esta isla borincana.*
> *Primero quiero llegar,*
> *a Ponce tierra caliente,*
> *Aguadilla, Mayagüez,*
> *San Juan, Caigua y Bayamón.*
> *Quiero entrar en Maracaibo,*
> *y llegarme hasta Caracas,*
> *después ir a Panamá*
> *y visitar a Colón.*
> *A la tierra de Quisqueya,*

Santiago en Santo Domingo,
y así poder recorrer,
mi pueblito oriental [...]

Aunque se le conoce más como intérprete, vale la pena recordar que La Lupe también compuso algunos títulos que ella misma cantó y grabó: *La reina* (1969), *Guaguancó bembé* (1969), *Me vengaré* (1970), *Moforivale* (1970), *A Benny Moré* (1973), *Tristeza* (1973), *Juan Manuel* (1973), *Dile que venga* (1978) y *Si tú no vienes* (1978, dedicado a Fred "Freddie" Weinberg, su ingeniero de sonido).

Otro de los grandes del exilio fue el cantante Orlando Contreras, quien en realidad se llamaba Orlando González Soto (La Habana, 1930–Medellín, 1994), cuya potente voz había alcanzado ya cierta notoriedad en Cuba gracias a la interpretación de sones y boleros de los que muchas veces era su propio compositor, tanto con el trío de Arty Valdés como con la orquesta de Neno González. Trabajó al principio de la década de 1960 en el Ali Bar junto a Benny Moré y Orlando Vallejo. No obstante, fue tras su llegada al exilio, en septiembre de 1965 y gracias al sello cubano Maype que pudo grabar los primeros títulos, como *Mi corazonada*, con los que alcanzó un éxito rotundo. En 1968, entristecido por la evidencia de que todo regreso a Cuba parece imposible, escribió el bolero *Vuelvo a la lucha*, cuyo contenido revela su posición:

[Perdóname madrecita,
vuelvo de nuevo a la lucha],
porque ya la sangre es mucha
y Cuba me necesita.
Yo sé que tú, madrecita,
empezarás a sufrir
porque tengo que partir
en busca de la piedad,
o conquisto libertad
o en ésta voy a morir.
Yo tengo que redimir
la patria de mis hermanos,
derrocar a ese tirano
que se cree superhombre,

que con su traición sin nombre
oprime al pueblo cubano.
[Nunca se me olvidará
la traición que ha cometido] [...]
que a Cuba ha convertido,
en cuna de infelicidad.
[Viniste a traer dolor,
cuando en Cuba no existía] [...]
con tu falsa valentía
has maltratado, traidor.
has destrozado el sabor a flor
de la juventud sincera,
has manchado la bandera
roja, blanca y azul prusia
para entregársela a Rusia
con tus manos traicioneras.
[...]

Contreras terminó estableciéndose en Medellín (Colombia),
en donde realizó grabaciones con la orquesta Fruko y sus Tesos,
y en donde falleció en condiciones aún no esclarecidas y sujetas a
muchas especulaciones, entre las que se manejan crimen pasional,
asesinato o envenenamiento, pues tenía solo 63 años y gozaba de
excelente salud y gran popularidad.

También merece mención especial el caso de Rolando Laserie
(Mata, Las Villas, 1923–Miami, 1998) quien a los diez años de edad
era ya baterista ocasional de la orquesta de los Hermanos Guimbarda,
en Santa Clara. Tras su llegada a La Habana comenzó cantando boleros, viajó a Santiago de Cuba en donde integró la Cadena Oriental de
Radio y en 1940 comenzó a mezclar chachachá con merengue dando
origen a algo que llamaba guapachá, de donde proviene el nombre
de «El Guapachoso» por el que le llamaban. En la década de los 1950
viajó por Colombia, tocó y cantó en los Aires Libres habaneros, se
convirtió en timbalero de la orquesta de Benny Moré, tocó en el Sans
Souci y logró vender hasta 30 mil copias de su versión de *Mentiras
tuyas*, un bolero de Mario Fernández Porta, de quien contó que al
principio no le gustaba su versión, pero que cambió de opinión cuando
vio las cifras de venta de la grabación realizada por el sello Gema, que

fundaron en 1957 los hermanos Guillermo y Rafael Álvarez Guedes en la calle Zapata, n° 1456, Vedado, La Habana y que radicaron luego en Puerto Rico tras su nacionalización en 1961. También grabó entonces con la orquesta de Eduardo Duarte, piezas de Margarita Lecuona y de Bobby Collazo, y viajó incluso a Nueva York en donde comenzó a usar, debido al frío, la boina que se convirtió enseguida en icono de su imagen. El triunfo de la revolución lo sorprendió de gira por Curazao (Antillas Holandesas) y, al ver el giro que tomaban los acontecimientos, decidió continuar rumbo a México y no regresar a la isla. Residió por poco tiempo entre Venezuela y Nueva York, antes de afincarse en Miami en donde continuó trabajando en los clubes Les Violins, Flamingo, Club 43, cantando y grabando con Olga Guillot, Celia Cruz, Bebo Valdés, Johnny Pacheco, entre otros, y en donde falleció sin regresar nunca a Cuba. Un excelente libro sobre su vida y obra ha sido publicado recientemente en esta ciudad (¡De película!, de Lázaro Caballero Aranzola, Editorial Unos y Otros).

Los cambios del mercado con la llegada de la llamada salsa en el Nueva York de la década de 1970 significó para muchos intérpretes una nueva adaptación a otro tipo de ritmo. Un buen ejemplo de un cantante que supo adaptarse a las nuevas exigencias del público fue Justo Betancourt (Matanzas, 1940), quien pasó de un estilo más poético y romántico al de la salsa de ese entonces y grabó El que sabe (1971), Los dinámicos (1971) y Pa' bravo yo (1972) hasta que deja la Fania (compañía fundada por Johnny Pacheco en 1964 y financiada por el empresario de origen italiano Jerry Massucci), para instalarse en Puerto Rico en 1976, donde fundó Borincuba, su propia orquesta, y grabó con Mongo Santamaría el álbum Ubane. Otro ejemplo fue el cantante Rudy Calzado (Santiago de Cuba, 1929–Nueva York, 2002), quien vivía en Nueva York y había debutado con la orquesta de Mario Mercerón en 1948 y luego en las de Fajardo y Jorrín. En el exilio, Calzado cantó en diferentes charangas hasta que fundó en 1985 su propia orquesta junto a Mario Bauzá, quedando como su director al morir éste el 11 de mayo de 1993.

Entre los intérpretes de la edad de oro de la música cubana que viven todavía en el exilio se encuentran, además de la mencionada Olga Chorens, el cantante Roberto Ledesma, nacido en La Habana en 1924, quien comenzó su carrera musical como intérprete en el trío Martino, junto a los hermanos Ernesto y Eugenio Orta, en la década de 1950 en México con los que viajó por América Central y del Sur durante seis años, además de participar en varias películas. Luego de ocho años con el trío se estableció como solista en Nueva York en 1957, en donde trabajó con José Antonio Fajardo en el Fontana Blue y poco después en Miami, en donde siguió trabajando en Les Violins Supper Club y el cabaret Tropigala del hotel Fontainebleau, en Miami Beach. Ledesma fue el primero en grabarle un bolero a Armando Manzaneros.

También vive aún Ana Margarita Martínez Casado, nacida en Camagüey en 1930, descendiente de una familia de artistas quien trabajó en la década de 1950 para la televisión cubana y participó en zarzuelas y óperas en las temporadas de la Sociedad Pro Arte Musical en los teatros Martí y Auditorium. En 1960 actuó durante varias semanas en el hotel San Juan, en Puerto Rico, cuando decidió no regresar al país. Respondió a una invitación para actuar con el Conjunto Tropicana en la ciudad mexicana de Monterrey y permaneció algún tiempo en este país trabajando para radio, cine y televisión, e incluso en películas junto a María Félix, David Reynoso y el propio Cantinflas. En esa época contrajo matrimonio con Chamaco García y se trasladó a Miami en donde comenzó cantando en Les Violins hasta que la soprano Marta Pérez le propuso actuar en teatro. Actuó también para la serie televisiva *¿Qué pasa USA?* y para la película *El Super* de León Ichaso. Después de once años de vida en Miami le propusieron integrar la compañía de teatro Repertorio Español, establecida en Nueva York, de modo que llegó a esa ciudad en 1981. Fue justo en el marco de una actuación de este elenco en La Habana, que regresó a su país natal en 1998, después de 40 años de ausencia. Allí interpretaron entonces la pieza *Revoltillo* en la sala Hubert de Blanck.

En Miami también vive aún el cantante Roberto Torres, nacido en Güines en 1940, quien comenzó a cantar muy joven, a los 16 años, y llegó al exilio en 1959. Organizó en Nueva York La Charanga Broadway (1962), integró en 1969 La Sonora Matancera, fundó en 1979 el sello discográfico Guajiro Records e inventó un estilo en que mezclaba la charanga cubana con el vallenato colombiano a partir de 1980, época la que se instaló en Miami.

Muchos de los cantantes de esos primeros años de exilio pudieron grabar sus discos en el catálogo Rhumba y Suave, fundado por Guillermo Álvarez Guedes en Miami después de que Gema dejara de existir. Entre ellos figuran el propio Rolando Laserie, Roberto Ledesma, Luisa María Güell, Julio Gutiérrez, Luisa María Hernández (La India de Oriente), Celio González, Pepe Delgado, el Dúo Cabrisas-Farach, Servando Díaz, Guillermo Portabales, entre otros.

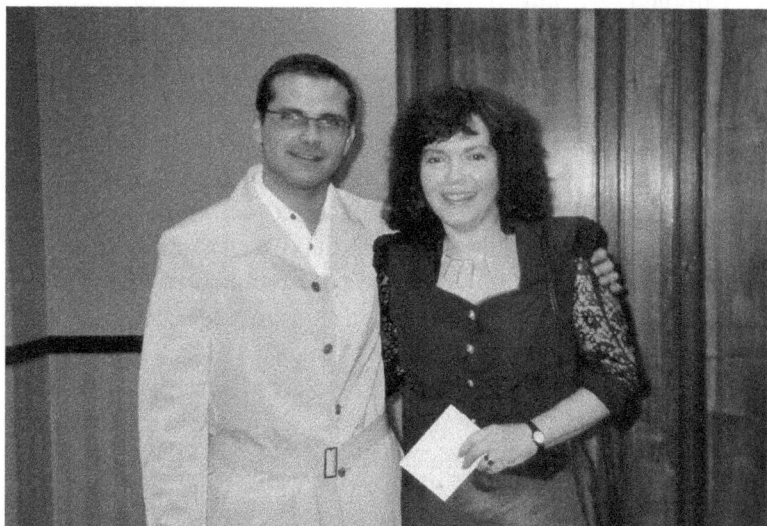

Luisa María Güell y el autor

EL DECENIO GRIS DE LA MÚSICA CUBANA

Radicalización y aislamiento

Aclamada por los intelectuales del mundo entero, la revolución que triunfó en 1959 terminó siendo rechazada, pocos años después, por muchos de quienes la alabaron en sus inicios. Aislada en la escena internacional después de la ruptura de relaciones diplomáticas con Estados Unidos el 3 de enero de 1961 y tras la expulsión de Cuba de la Organización de Estados Americanos (OEA), el país entró bajo la órbita de influencia de la Unión Soviética y los países satélites de Europa del Este, de los que dependía para su supervivencia. La declaración del carácter «socialista», un 16 de abril de 1962, de aquel movimiento social que había llevado a Fidel Castro al poder, terminó por dar el golpe de gracia a la vida cultural en la isla. La Habana, ciudad imán que había atraído durante décadas a cientos de artistas del mundo entero, empezó a vivir bajo el ritmo de desfiles revolucionarios, consignas, marchas, ejercicios militares y todo lo que formaba parte de la propaganda que el régimen exportaba para dar la imagen de una sociedad nueva que excluía todo legado del capitalismo. La maquinaria gubernamental, apoyada por los burócratas oficialistas, fue aniquilando poco a poco la vida creativa tal y como había sido concebida por los mayores exponentes de la música cubana con anterioridad.

Para deshacerse de los que no comulgaban con los cambios, el Gobierno creó diferentes puentes migratorios. El primero de ellos, el del puerto de Camarioca, en la provincia de Matanzas, permitió el éxodo de unos 60 mil cubanos en dirección de la Florida hasta su cierre en septiembre de 1965. Vinieron luego los llamados «Vuelos de la Libertad», un puente aéreo que se mantuvo vigente hasta 1973, que permitió la reunificación familiar de aquellos que habían quedado atrapados en la isla con sus familiares ya exiliados.

El 13 de marzo de 1968, el Estado decidió nacionalizar los últimos reductos de propiedad privada que quedaban. Se trataba de pequeños comercios que hasta la fecha habían escapado a las confiscaciones de los primeros años de revolución. Todo, excepto algunas consultas médicas privadas, fue nacionalizado (carpinterías, consolidados de calzado, peluquerías, etc.). Y, en 1969, el propio Fidel Castro, en persona, anunció que quedaba prohibido abandonar el país y que solo aquellos que ya había comenzado las gestiones para hacerlo podrían salir definitivamente.

A través del Consejo Nacional de Cultura, el Estado «aconsejaba» a los artistas a plegarse a los lineamientos estéticos del llamado «realismo socialista» soviético. Desde esa fecha hasta entrada la década de 1980, la literatura, el cine, la música y otras manifestaciones artísticas se convirtieron en instrumento de propaganda. A partir de 1965 y hasta 1967, el gobierno creó las eufemísticamente llamadas Unidades Militares de Ayuda a la Producción (UMAP), algo así como unos campos de concentración para reformar la conducta juzgada antisocial de personas cuyo comportamiento no era afín al dogma revolucionario. Bajo una amalgama de criterios internaron entonces a Testigos de Jehová, homosexuales, hippies, escritores con actitudes «sospechosas» e incluso a personalidades, como el futuro obispo y cardenal de Cuba, Jaime Ortega Alamino (entonces seminarista), monseñor Alfredo Petit o el cantautor Pablo Milanés (quien habló por primera vez de este periodo oscuro en un documental realizado por Juan Pin Vilar en 2017), quien en aquella época no se había convertido en el cantor de la revolución. A muchos se les expulsó de las universidades por su apariencia «extravagante» (cabellos teñidos, melenas, vestuario estrafalario) mediante asambleas de «depuraciones», y a otros se les denunció desde los Comités de Defensa de la Revolución (CDR), creados en 1961, muy activos en cada cuadra para mantener bajo vigilancia los movimientos de cada ciudadano. En la lista de deportados hacia las UMAP lo mismo había delincuentes comunes que personas «tronadas», o sea, personas caídas en desgracia, como fue el caso de Enzo del Río, el chofer del Fidel Castro Díaz-Balart, quien había tenido un accidente en el que el hijo del comandante había recibido algunos rasponazos.

Este fue el preámbulo del llamado «decenio gris» (en realidad negro), marcado por el célebre «Caso Padilla» contra el poeta Humberto Padilla (Consolación del Sur, 1932–Auburn, Alabama, 2000), juzgado durante un proceso de corte estalinista, a partir del 20 de marzo de 1971. Padilla, quien había recibido premios otorgados por la Unión de Artistas y Escritores de Cuba (Uneac), se creía a salvo de las persecuciones, aunque su poemario *Fuera del juego* hubiese sido condenado por la censura oficial. En su proceso, Padilla tuvo que hacer un *mea culpa* o «autocrítica» digna de los peores momentos de las purgas bajo Stalin, algo que desencadenó la repulsa de cientos de intelectuales del mundo entero que, hasta entonces, defendían al proceso castrista. Mediante sendas cartas dirigidas a Fidel Castro y publicadas en el periódico francés *Le Monde*, los días 9 de abril y 21 de mayo de 1971, más de 50 intelectuales elevaron su voz contra el encarcelamiento de Padilla y exigieron una revisión de la condena (en la primera) y expresaron su vergüenza y cólera por la mascarada autocrítica que juzgaron digna del estalinismo (en la segunda). Entre los firmantes se encontraban Jean-Paul Sartre, Simone de Beauvoir, Julio Cortázar, Mario Vargas Llosa, Susan Sontag, Marguerite Duras, Italo Calvino, Octavio Paz, Carlos Fuentes, Alberto Moravia, Maurice Nadeau, Jorge Semprún, Luis Goytisolo, entre otros, a los que se añaden Carlos Monsiváis, Alain Resnais, Juan Rulfo, José Ángel Valente, Nathalie Sarraute, Pier Paolo Pasolini, en la segunda.

Al «Caso Padilla» siguió el Primer Congreso de Educación y Cultura, tras el cual muchos músicos, artistas, pintores, escritores, bailarines y cantantes fueron borrados de la vida pública cultural.

Los ritmos latinos contra vientos y mareas

En un contexto en que los músicos cubanos deben hacer frente a la diversidad de gustos del público diverso de las grandes urbes como Nueva York, se hizo necesario unir el talento musical junto al de los puertorriqueños de la Gran Manzana para difundir lo que entonces empezó a llamarse como «salsa» y que no era otra cosa que la música bailable cubana conocida como «casino» que tocaban las charangas, disfrazada de nuevos oropeles para engatusar al auditorio.

En ese contexto, algunos intentan crear en Nueva York nuevos ritmos, como fue el caso del flautista Lou Pérez, quien fundó Los Mamboleros y trató de impulsar el ritmo «melón» de efímero éxito. Su homólogo Eddy Zervigón, junto al cantante Roberto Torres, alias «El caminante» creó la Charanga Broadway, en la que participaron también el percusionista y cantante matancero Ramón Monguito Quián Sardiñas. También José Fajardo, quien contrató al violinista Félix Reina y al percusionista Orestes Vilató, fundó en 1962 una charanga que llevó su nombre. Ya hemos visto cómo muchos intérpretes se refugiaron en orquestas creadas con anterioridad, como los Afro-Cubans de Machito o la orquesta de Tito Puentes o incluso la charanga del puertorriqueño Joe Loco, creada en 1961, en la que encontramos al violinista Félix "Pupi" Legarreta, a Chombo Silva y a Rudy Calzado, hasta que Legarreta fundó su propio grupo con el que contribuyó a la difusión de un ritmo también efímero al que llamó «jala jala» y grabó por primera vez una bomba boricua en tiempo de charanga cubana, algo que demostraba la necesidad de fusionar los ritmos latinos para ofrecer un producto nuevo que complaciera a todos por igual.

Son los tiempos de un híbrido anglo-latino, el famoso *boogaloo*, que dominó el ámbito de la música bailable latinoamericana en el Nueva York de la década de 1960. La pieza fetiche de este ritmo impulsado por los boricuas de El Barrio y por Joe Loco fue, sin dudas, *I Like it Like That*, compuesta en 1965 por Peter Rodríguez. Casi todos los intérpretes cubanos de cierta notoriedad tuvieron, tal vez a contrapecho, que grabar temas en este estilo, y entre ellos, La Lupe, Monguito Santamaría (hijo de Mongo) o Arsenio Rodríguez, entre los más conocidos. Sin contar los numerosos grupos que adoptaron el *boogaloo* en su repertorio, como Hi Latin, fundado por Gil Suárez y en el que el cubano Orestes Vilató tocó junto a Pete Bonnet.

Una prueba de la mezcla entre puertorriqueños y cubanos que se estaba produciendo en aquel entonces lo constituyó el timbalero cubano-boricua Loui Ramírez (194-1993), fundador del conjunto Changó y considerado como verdadero pilar de la llamada salsa para la que realizó unos 10 mil arreglos y unas 450 producciones discográficas.

Pero el *boogaloo* no logró captar la atención del público anglosajón y hacia 1968 se le consideraba ya un fracaso comercial. Solo en el ámbito bastante homogéneo del jazz latino, norteamericanos y latinoamericanos se encaminaban hacia una fusión duradera que permitía la supervivencia del estilo en una década dominada por el rock y el twist. A sabiendas de ello, Mongo Santamaría abandonó el formato de las charangas para consagrarse al jazz latino, al que añadió la influencia de la bossa nova brasilera en un momento en que cantantes de Brasil como Joao Gilberto, Elis Regina y Jair Rodrigues tenían mucha influencia en el ámbito musical de Nueva York. Y Chico O'Farril, por su parte, desintegró su orquesta y comenzó a trabajar como arreglista para los que cultivaban el jazz y los ritmos afrocubanos. A la influencia del jazz latino en el mundo anglófono contribuyeron también grandes músicos norteamericanos como Dizzy Gillespie, Cal Tjader y George Shearing.

No obstante, en Miami, una ciudad en que la influencia cubana no cesaba de incrementarse desde 1959, comenzaron a surgir centros nocturnos que intentaban reproducir el ambiente habanero de otros tiempos. En el Venetian Causeway, el hombre de negocios Raúl González Jerez, fundó el Club 21 en donde el compositor Pepe Delgado fue, entre 1965 y 1968, junto a Pablo Cano, el director musical de las revistas musicales presentadas. Otro compositor exiliado, Julio Gutiérrez, se ocupó de la dirección musical de *Latin Fire*, la revista del cabaret del hotel Eden Roc, en Miami Beach, fundada por Manolo Torrente. Era posible también asistir a conciertos de La Lupe, Olga Guillot y Rolando Laserie en el Centro Español, creado por Ardón Grau; mientras que el Montmartre, fundado por Mayito Cabrisas y Jesús Navarro en Coral Way cantaban Luisa María Güell y Olga Guillot acompañadas al piano por Juan Bruno Tarraza. En el restaurant-club Prila's, de la Calle Ocho y la avenida 36 del South West, propiedad de Rubén Pérez y sus asociados Prieto y Lage, los espectáculos corrían bajo la dirección de Ernesto Duarte y Eugenio de la Osa; mientras que en los cabarets como Les Violins (perteneciente a Manuel Godínez, José Cachaldora y José Currais), El Flamenco (de Wenceslao Castro y Albino Currais, el primero de ellos propietario también del Minerva Club) o el Copacabana (de Felipe Valls) las revistas musicales se inspiraban de aquellas que habían conocido gran popularidad en La Habana de los 1950. Los artistas podían presentarse también en las salas de restaurantes o clubes como el Toledo (de Miguel Ángel Cano), el Club at Everglades Hotel (de Juvenal Piña), el Bodegón de Castilla (de Jaime Bajo), La Cascada o el Swiss Chalet (de Enrique Fernández), Los Marinos (de Humberto Méndez y Pedro Márquez), el Concord Club (de Normando Campos), el Centro Vasco (de Juan y Juanito Zaizarbitoria).

Más tarde, veremos como una nueva generación de cubanoamericanos, hijos de los primeros exiliados, comenzó a abrirse paso en el medio artístico de la ciudad, y entre ellos el grupo Los Sobrinos del Juez y Willy Chirino quienes animaban ya las noches del Don Quijote, en la avenida 27 del North West, propiedad de Manuel Balado, Orlando Hidalgo y Sergio Vidal. Una lista detallada de aquellos primeros escenarios en que se oía música cubana aparece en el ensayo de Eloy Cepero y Sonia Frías compilado en el libro *Cuban, an Epic Journey* (2011), publicado por Sam Verdeja y Guillermo Martínez.

A pesar de esto, la vocación internacional de Miami no se había definido todavía. En la década de 1970 algunas de las agrupaciones musicales locales no tenían gran impacto fuera de la ciudad. Entre estas se encontraban Los Rufinos, Los Violines de Pego, Los Jóvenes del Hierro (dirigidos por José Dono y Agustín Jauma), la Típica Tropical (dirigida por Eduardo Aguirre con cantantes como Felo Barrios, Frank Pérez, Pepe Cordo, Oscar Peña y Mario Toledo), Elio Rodríguez y Chiko and the Man, el conjunto de Luis Santí (que grabó en 1975 el álbum *El bigote*, en el que aparece el guaguancó *La Norgüesera* y contaba con la participación de El Negro Vivar, Patato Valdés y Juanito Márquez), el conjunto de Juanito Ayala, la orquesta Ritmo de Estrellas y la Aragón de Miami. Y en un contexto más bien conservador descolló la personalidad de Concha Valdés Miranda (La Habana, 1928–Miami, 2017) con títulos eróticos más bien «subidos de tono», como *Tápame contigo*, *Hacerte el amor*, *Estoy buscando un hombre* y *Orgasmo* (este último interpretado por la cantante Blanca Rosa Gil y grabado en uno de sus LP producidos por Kosmos), y que decía: «*Orgasmo, nadie te quiere mencionar,/ y, sin embargo,/ todos te quieren disfrutar […] Orgasmo,/ ¡quién te pudiera retener/ ¡quién te pudiera retener/ más de un instante!/ para morirme de placer,/ hoy como antes,/ al mismo tiempo, renacer,/ junto al orgasmo de mi amante*».

Los cubanos, la salsa y Nueva York

Todavía se debate sobre los verdaderos orígenes de la salsa, un tema
en el que no pocos musicólogos afirman que el término se hallaba
ya acuñado por el sol de Ignacio Piñeiro *Échale salsita*, compuesto
en 1933. No obstante, la influencia de El Barrio puertorriqueño de
Nueva York parece innegable, aunque en realidad fuera la confluencia
hacia la gran ciudad de músicos de toda América Latina y, en gran
medida, de los primeros exiliados cubanos, lo que terminó por dar
impulso definitivo a este género que los puristas siguen ignorando
por considerar que el término respondía a un interés comercial
para vender algo que ya existía.

En todo caso lo que suele llamarse «salsa» significó el renacer
de una expresión musical única para todos los músicos latinoamericanos emigrantes en Estados Unidos y es, en este sentido, que se
logró captar el interés del público internacional. En la salsa había
(y hay) algo de cumbia y vallenato colombianos, de bossa nova
brasilera, de joropo venezolano, de paseíto panameño, de calipso de
Trinidad Tobago, sin contar de rumbas, guarachas, sones, mambos,
chachachás y danzones cubanos, así como de los ritmos boricuas.

Al principio, se tocó este tipo de música, casi cruda, marcada
por la abundancia de percusiones e instrumentos de aire, en el hotel
Saint George, en el barrio de Brooklyn Heights, y en el Cheetah de
Manhattan. Su primer empresario, Ralph Mercado, compró este
último local, mientras la Fania se ocupó de las producciones. En
1971, dirigido por León Gast, se filmó en el Cheetah el documental
Nuestra Cosa Latina, que retomó el álbum grabado en 1969 por
Barrio Willie Colón y Héctor Lavoe, muy inspirado de los sones
montunos cubanos. El filme reveló la importancia del movimiento
del que también formaban ya parte el pianista Eddie Palmieri, Larry
Harlow, Mon Rivera, Ricardo Ray, Ismael Miranda, Ray Barreto,
Bobby Valentín, Yomo Toro, Cheo Feliciano, Adalberto Santiago y el
cantante cubano Héctor Casanova (nacido en La Habana, en 1944).

El 30 de diciembre de 1970 falleció en Los Ángeles, Arsenio
Rodríguez. Dominaba varios instrumentos musicales como el tres,
el bajo, los tambores congos, la botija y la marímbula y ejerció una
poderosa influencia entre los músicos latinoamericanos del South
Bronx, un barrio mayoritariamente hispano. Tras su fallecimiento,

Larry Harlow grabó *Tribute to Arsenio Rodríguez* y, en 1974, los dos hermanos puertorriqueños Andy y Jerry González fundaron un conjunto llamado Anabacoa, título de un son de Arsenio. Los salseros tomaron como referencia los instrumentos de los conjuntos fundados por El Ciego Maravilloso para definir también el estilo de la música que querían hacer.

Tito Puente, Ray Barretto y Oreste Vilató

Al año siguiente, Machito tocó *Oro, incienso y mirra*, una suite inédita de Chico O'Farrill, en la catedral Saint Patrick de Nueva York, y se fundó el Grupo Folklórico y de Experimentación de Nueva York, especializado en *jam sessions* e integrado por los cubanos Chocolate Armenteros, Caíto Díaz (ex maraquero de La Sonora Matancera), Gonzalo Fernández, Marcelino Guerra, Alfredo de la Fe y Virgilio Martí, además de Rubén Blades, Manny Oquendo, Andy y Jerry González, Oscar Hernández, entre otros latinoamericanos. Su primer álbum fue *Concepts in Unity*, grabado por Salsoul, en 1976.

Catalino, Benny Moré, Pancho Cristal y Oreste Vilató Sr. Viaje del Benny a New York, 50's

Si el espíritu de los conjuntos de Arsenio Rodríguez fue uno de los pilares innegables de la llamada salsa, también se debió a Celia Cruz el hecho de haberse convertido en la embajadora internacional de ese ritmo. A Celia la llamaron en 1972 para que participara en la ópera salsa *Hommy*, creada por Larry Harrow a partir del libreto de la ópera rock *Tommy* del grupo Who, una invitación que impulsó a Ralph Mercado a incorporar inmediatamente a La Guarachera de Cuba a la Fania tras la primera interpretación de *Bemba colorá*. Un año después, la Fania había congregado ya a los grupos de salsa más prestigiosos (la recién fundada Típica 73 y El Gran Combo de Puerto Rico) para dar un concierto gigante en el Yankee Stadium, un viernes 24 de agosto de 1973, cuyo éxito fue tan grande que la policía tuvo que intervenir por los desórdenes provocados por una muchedumbre incontenible de 40 mil espectadores que invadieron el escenario obligando a suspender el espectáculo, tras hora y media de un concierto, en que solo lograron tocar La Típica 73, Mongo Santamaría y El Gran Combo de Puerto Rico. El concierto fue retomado el 13 de noviembre de ese mismo año en el Coliseum Roberto Clemente de San Juan de Puerto Rico y de la mezcla de los dos nació la película *Salsa*, dirigida por León Gast.

Para muchos musicólogos la llegada de Celia Cruz, encabezando conciertos y grabaciones junto a Johnny Pacheco, Willie Colón, La Sonora Ponceña, Pete el Conde Rodríguez, Pacheco, Adalberto Santiago y Ray Barreto, en diferentes años, entre 1974 y 1981, aportó a la salsa la unidad necesaria para que se afirmara como género y movimiento musical a la vez en todo el mundo, a partir de una música cubana reacomodada, urbanizada, reapropiada y, sobre todo, vuelta a condimentar.

EL RENACIMIENTO MUSICAL DEL EXILIO

La Generación Miami: los Cubans-americans

Según estadísticas de la Comisión Interamericana de Derechos Humanos (OEA) en un informe de 1983 (capítulo VIII), entre enero de 1959 y octubre de 1980 unos 800 mil cubanos se habían exiliado ya en Estados Unidos, pero la mayor parte de estos se encontraban establecidos en Miami, ya sea porque habían llegado directamente a esta ciudad desde la isla o porque habían transitado primero por otros países. Aunque los exiliados de la primera generación poseían fuertes vínculos culturales con la isla, sus descendientes se vieron confrontados a una doble pertenencia: por una parte, los orígenes familiares y la lengua y cultura practicadas en el hogar; por otra, la educación en instituciones norteamericana según los códigos del país a donde habían llegado pequeños o en donde habían nacido.

Se trata de los *cubans-americans*, una generación ambivalente que el sociólogo Rubén Rumbaut definió como «generación 1,5» porque no lograban sentirse plenamente norteamericanos ni tampoco cubanos. A menudo, sus representantes se expresan, sobre todo entre ellos, en *spanglish*, un idioma híbrido entre el español de Cuba y el inglés con códigos específicos en cuanto a las frases en una u otra lengua. Llamados también YUCA (siglas de Young Urban Cuban American), el término no deja de tener cierta connotación humorística debido a que tal es el nombre por el que se le conoce a un tubérculo propio de la alimentación de los primeros aborígenes cubanos (la yuca) y cuya mitad se esconde bajo tierra dejando que aflore la otra parte, visible a simple vista.

Bajo la influencia de la música que escuchaban sus padres y abuelos, a veces un poco repetitiva y difundida a través de las numerosas cadenas radiales de la ciudad como La Cubanísima y La Fabulosa, unido a la música norteamericana de moda en aquel entonces, surge

Miami Sound Machine (el sonido de Miami), con una sonoridad fácilmente digerible para todo tipo de público, aunque también marcada por la particularidad de una ciudad en que se fusionaban culturas diferentes. Es un fenómeno que encontraremos también en otros ámbitos artísticos como las artes plásticas (Ana Mendieta, Félix González-Torres, María Martínez-Cañas, César Trasobares, Mario Bencomo, Humberto Calzada, María Brito, Pablo Cano, Fernando García, Emilio Falero, Juan González o Carlos Maciá), el teatro, la literatura (por ejemplo, Oscar Hijuelos, ganador de un Pulitzer en 1990 con su libro *The Mambo Kings Play Songs of Love* o Cristina García, autora de *Dreaming in Cuban*, 1992) e, incluso, el cine (Steven Bauer, Andy García, León Ichaso, Jorge Ulla, Tony Labat o Enrique Oliver).

Los conocedores y testigos de este fenómeno, sitúan a mediados de la década de 1970, el momento en que cristalizó este nuevo estilo a nivel local. Algunos grupos musicales cubanoamericanos, como Los Coke, Los Antiques (integrado por Manny Salas, Cheli Rodríguez, Eddy Díaz y Arturo Blanco cuyos primeros álbumes datan de 1973: *Sincerily Antique* y *Va cayendo una lágrima*), Opus (con los cantantes Frank Batista y José Rubio), Wildwind (con Raúl Rodríguez, José Águila y Alberto Fernández, quienes graban su primer disco en 1974), Pearly Queen y, sobre todo, Los Sobrinos del Juez / The Judge's Nephews (con los cantantes Eddie Elmer, los hermanos Carlos y Javier Oliva y Reinaldo Camora), Clockwork y Alma (cuyo primer álbum data de 1977: *Alma*, seguido de *Sin límites*, de 1978; *Contigo sí*, de 1980; *Alberto Guerra y su grupo ALMA*, de 1983 y *El dueño de mi amor eres tú*, de 1986), comenzaron a cambiar el ámbito musical de Miami recontextualizando la música de sus padres y mezclándola con aquello que escuchaban los jóvenes norteamericanos de su época.

Habrá que esperar a 1974 para que un representante de la Generación Miami establezca bases más sólidas (y comerciales) del sonido Miami. Se trata del cantautor Wilfredo "Willy" Chirino, nacido en Consolación del Sur en 1947 y llegado a Miami como «Peter Pan», con trece años, en 1961. Deshaciéndose de sus dudas en cuanto a doble cultura incluyó en su disco *One Man Alone* (Gema, 1974) el título *Soy*, una declaración de principios acerca de su identidad y su derecho a existir como ente cultural formado entre dos aguas.

Otros dos compositores, Hansel Martínez y Raúl Alfonso, que había debutado en el ámbito musical latino de Nueva York cuando estuvieron en la Charanga 76, se convirtieron a partir de 1976, fecha en que se establecieron en Miami, en iconos de la nueva generación de cubanoamericanos. Habían nacido en La Habana, pero llegaron a Estados Unidos con tres y cuatro años de edad respectivamente. Los temas que abordaron en sus composiciones se relacionaban con la vida comunitaria cubana de Miami: los placeres de la vida, el trabajo en las factorías, los matrimonios con personas de otras nacionalidades, la lotería, el machismo, en vez de la nostalgia del país que, en realidad, poco conocieron.

En 1979, Frankie Marcos funda el grupo The Clouds y graba el disco *Discotando* (Common Cause Records) en donde se puede oír la pieza *Llegamos* con la que querían decir que habían llegado para imponerse, pero también que lo habían logrado. Ese mismo año se funda la Super Q (WQBA-FM), una emisora radial enteramente dedicada a la juventud hispana de Miami. Su lema publicitario decía: «Super Q, *We Love You*/ la mejor música la tocas tú», en las dos lenguas, como puente entre el Norte y el Sur.

A esa nueva generación perteneció también Titti Soto (La Habana, 1944–Miami, 1992), compositor que, junto a Jorge Luis Piloto, puede ser considerado como el más prolífico de su generación. Sobrino de otro gran compositor, Julio Gutiérrez, salió de Cuba a los 15 años rumbo a Puerto Rico en donde creó sus propias coreografías para temas que componía él mismo como *Yo soy el barco* y *El collar de Clodomiro*. Al llegar a Miami, frecuentó a Los Sobrinos del Juez y compuso *La Habana espera* e *Intentaré*, grabados por Olga Guillot, así como *Muéveme el coco*, *Wilfredo el mago* y *San Zarabanda*, títulos relacionados con sus raíces afrocubanas o *No debería ser así*, todos incluidos por Willy Chirino en su repertorio de la década de 1980. Tras el éxodo del Mariel de 1980, en que 125 mil cubanos llegan a las costas floridanas, Soto compone *Yo soy cubano* y *Yo soy de allá*, grabados por el cantante Gustavo Rojas en su primer álbum de ese año. No obstante, su título más popular fue *La esquina habanera*, grabado primero por Hansel Martínez en 1989 y más tarde por Willy Chirino en su disco de 1998, *Cuba Libre*.

Sin embargo, quien encarnará mejor la difusión e internacionalización de ese sonido de Miami fue el también cubanoamericano

Emilio Estefan, con esa rara alquimia entre el olfato para el éxito comercial, la perseverancia y el gusto refinado por una música de calidad que ha dado la vuelta al orbe. Nacido en Santiago de Cuba en 1953, en el seno de una familia de origen libanés como muchas que desde el Oriente Medio se instalaron en la isla durante la primera mitad del siglo xx, salió de Cuba, primero rumbo a España, a los 13 años, dejando atrás a su hermano y a su madre, a quienes no pudo volver ver hasta 15 años después. En Miami, trabajó durante un tiempo como comercial de la empresa Bacardí cuando creó en 1973, junto a Luis R. Serrano y Rudy Ramírez, el grupo Emilio and his Latin Beat, que luego el empresario Johnny Marante llamó Miami Latin Boys. Con aquel grupito podía completar el salario de fin de mes tocando en fiestas privadas y bodas. Decidido a triunfar en el ámbito musical, Estefan no titubeó en incorporar a Gloria Fajardo, luego Estefan (La Habana, 1957) y a su prima Mercy Navarro Fajardo, dos jóvenes cantantes hijas también de exiliados cubanos, para que cantaran con ellos en una boda que iba a celebrarse en el hotel Dupont. Gustaron tanto las dos chicas que desde esa noche la banda comenzó a llamarse Miami Sound Machine, constituida finalmente por Emilio y Gloria Estefan, Raúl y Mercy Navarro (luego Murciano, tras casarse con el apellido Raúl Murciano), Juan Marcos Ávila, Wesley B. Wright y Enrique "Kiki" García. El grupo terminó revolucionando definitivamente la imagen de la generación de los cubanoamericanos en todo el país.

148

En 1979, Miami Sound Machine grabó su primer álbum: *Renacer/ Live Again*, título de una balada de Carlos Oliva que anunciaba la vertiginosa carrera del grupo, seguido de *English and Spanish*, ese mismo año, que expresaba ya la dicotomía de las dos lenguas presentes en la vida cotidiana de sus integrantes. Todavía estaban lejos de los verdaderos *cross-overs* que colocarán al grupo en la lista de todos los *hits* de música pop, latina y disco a la vez. Más tarde, con el ritmo diabólico de *Conga* (1985), su primer gran éxito, el grupo invitaba a los anglosajones a no dejarse intimidar por la aparente complejidad de este ritmo convirtiéndolo en algo familiar y de fácil coreografía para cualquier público. Conga asumía al mismo tiempo la identidad latina:

Everybody gather 'round now,
let your body feel the heat.
don't you worry if you can't dance,
let the music move your feet.
It's the rhythm of the islands
with the sugarcane so sweet.
if you want to do the conga
you've got to listen to the beat [...]

Kiki García (La Habana, 1959), autor de *Conga*, había llegado a Miami con su familia a la edad de diez años. En 1983, volvió a conseguir que uno de sus títulos, *Dr. Beat*, encabezara la lista de éxitos musicales del momento. A partir de entonces, la notoriedad del grupo, con Gloria Estefan como cantante, alcanzó la escena internacional. Sin embargo, a pesar de las múltiples grabaciones de esos años (*Imported, 1979; Piano Album*, 1980; *Miami Sound Machine*, 1980; *Río*, 1982; *A toda máquina*, 1983; *Eyes of Innocence*, 1984; *Primitive Love*, 1985; *Let It Loose*, 1987; *Cuts Both Ways*, 1989 e *Into the Light*, 1991). Durante esos años algunos miembros originales abandonaron el grupo y otros, como el saxofonista Ed Calle, el bajista Jorge Casas o el guitarrista John de Faria, pasaron a formar parte de él. La propia Mercy Navarro (La Habana, 1957–Miami, 2007), fallecida prematuramente a la edad de 47 años, había abandonado el grupo en 1981, a pesar de que también había aportado composiciones exitosas como *I Wan't You To Love* y *Don't Look Back* y junto a la propia Gloria Estefan, quien era su prima hermana, *Tu amor conmigo, Without Your Love* y *No miraré*. Fue en 1990 cuando un dramático accidente del autobús en una carretera de Pennsylvania lesionó gravemente a Gloria Estefan, alejándola por un tiempo de los escenarios. A su regreso, fue que se gestó el mejor trabajo discográfico de su carrera, un álbum completamente en español que reivindicaba sin lugar a dudas sus raíces cubanas: *Mi tierra* (Sony, 1993). El disco, en el que trabajaron en equipo artistas de la Generación Miami (Jon Secada, Jorge Luis Piloto o Emilio Estefan), de la primera oleada de exiliados (Israel López Cachao) o más recientes (Arturo Sandoval y Juanito Márquez), recibió el Grammy de mejor álbum latino y desde entonces la cantante emprendió su carrera como solista. Miami Sound Machine continuó sin Gloria, incorporó a otras cantantes latinoamericanas, pero nunca volvió a alcanzar el éxito de aquella década dorada.

Desde entonces, Gloria Estefan amplió su registro, y en 1994 grabó *Abriendo puertas*, que como su título lo indica, daba cabida a un amplio repertorio de cantos y ritmos de toda América Latina, además de incluir la colaboración de Tito Puente, Israel López Cachao, Paquito D'Rivera, entre otros. Le siguieron: *Destiny* (en las dos lenguas, 1996), *Gloria!* (1998), *Alma caribeña* (2000), *Unwrapped* (2003, con colaboraciones de Stevie Wonder y Chrissie Hynde), entre otros. En 1996, durante una gira por España que comenzaba con un concierto gigante en la plaza de toros Las Ventas (Madrid), fue recibida, junto a su esposo, por los reyes Juan Carlos y Sofía en el palacio de La Zarzuela.

Desde entonces, los Estefan se han convertido en figuras clave de la vida cultural y social de Miami. Han diversificado sus actividades y abierto, incluso, clubes como Bongos Cuban Café (en Disney, y luego en Miami y Puerto Vallarta), restaurantes de comida cubana como Larios on the Beach (en 1992) y Larío's, y recientemente Estefan Kitchen (en Miami y Orlando) y un libro de cocina: *La cocina de los Estefan* (2008), en que Emilio recuerda que vivió en Santiago de Cuba hasta los 13 años y Gloria rememora cómo sus abuelos llegaron a Miami sin nada y empezaron vendiendo pan con lechón y croquetas cubanas de fabricación casera en un parque de Miami con el que colindaba su vivienda y en donde jugaban las ligas infantiles.

El éxodo del Mariel y el exilio de la década de 1980

Entre el 18 y el 21 de abril de 1980, unos 10 mil cubanos penetraron en la embajada del Perú, sita en el barrio habanero de Miramar. El mundo entero dirigió su mirada hacia la isla caribeña para descubrir lo que ya muchos sospechaban: el «paraíso» socialista era una falacia, el pretendido «hombre nuevo» solo aspiraba a largarse y empezar una nueva vida en otro lugar. Ante la magnitud de los hechos, al Estado no le quedó otra alternativa que negociar con Estados Unidos la salida de aquellos cubanos mediante un nuevo puente migratorio marítimo. En los meses siguientes, desde la localidad costera del Mariel, salieron entonces unos 250 mil cubanos rumbo a La Florida.

Aquel éxodo permitió, entre otras cosas, renovar e infundir nuevo oxígeno al exilio cubano en el sur de la península. Muy pocos eran los que lograban llegar a Estados Unidos desde que habían sido eliminados los Vuelos de la Libertad y las visas se repartían a cuentagotas. Los cantantes Luisa María Güell y Luis García (La Habana, 1936–Miami, 2004) habían sido de los últimos en radicarse en Estados Unidos en 1968 y 1969, respectivamente, así como el guitarrista clásico Manuel Barrueco (Santiago de Cuba, 1952), quien llegó a Nueva York en 1967. En el caso de Güell, llegaba con un aura de popularidad que había alcanzado entre la juventud de la isla, en donde el público conocía de memoria los temas que había grabado, tales como *No tengo edad para amarte* y *Melodía de un amor*. Al dejar el país, el Consejo de Cultura la obligó a renunciar a sus derechos de autor. En cuanto a Luis García, poderosa voz del cancionero cubano, fue percusionista de la orquesta de Julio Gutiérrez con apenas 17 años, antes de asociarse al movimiento *feeling* para cantar temas de César Portillo de la Luz y José Antonio Méndez, entre sus mejores exponentes. García salió de Cuba rumbo a España en 1968, pero un año después estaba en Nueva York, se- guido de una larga estancia en Perú, hasta establecerse en Miami en 1973. En esta ciudad mantuvo durante 18 años un programa de radio sobre el *feeling* en Radio Mambí y fundó, en 1996, el conocido Rincón del Feeling, en la calle Flagler, que administró hasta el momento en que enfermó.

Ese año, llegó también a Miami, el cantante Wilfredo Fernández (Mayarí, 1924–Miami, 2005) a quien se le conocía por las emisiones de la CMQ en las que había participado desde 1946 y porque había grabado con el trío Los Panchos el tema *No, no y no*, compuesto por Osvaldo Farrés. Otro destacado intérprete que también aterrizó a Miami antes del Mariel, exactamente en 1977, fue Juanito Márquez Urbino (Holguín, 1929), quien fue parte de la orquesta Avilés, la más antigua del país, en su ciudad natal y logró llegar a España en 1969, en donde comenzó trabajando para un concierto de Raphael y se convirtió en arreglista de varios discos de Paloma San Basilio, José Luis Perales, Moncho, Tony Landa. Guitarrista sin par y arreglista, fue también compositor del mítico bolero *Alma con alma* y de otros títulos como *Arrímate pa'cá*, *Como un milagro*, *Cuento de hadas*, *Joropero*, *Naricita fría*, entre otros. Años después, lo volvemos a encontrar formando parte del equipo de *Mi tierra*, el célebre álbum de Gloria Estefan. No en balde, obtuvo en 2008 un Grammy por el conjunto de su carrera y, en 2019, recibió un homenaje por sus 90 años de vida en los «Viernes de Musicalia», en la Universidad Internacional de la Florida (FIU).

El éxodo del Mariel infundió, como dije, nuevos bríos al ámbito cultural de la ciudad. Llegaron escritores como José Abreu Felippe, Reinaldo Arenas, René Ariza, Estaban Luis Cárdenas, Miguel Correa, Carlos A. Díaz, Reinaldo García Ramos, Luis de la Paz, Guillermo Rosales, Roberto Valero y Carlos Victoria, quienes no tardaron en publicar una revista de literatura: *Mariel*, la mejor que se había realizado en Miami hasta esa fecha, sin contar otras que surgían en otras latitudes como *Linden Lane Magazine* (en Nueva Jersey), *Unveiling Cuba* (en Nueva York) y *Término* (en Cincinnati). También llegan artistas plásticos como Juan Boza, José Selgas, Víctor Gómez, Ernesto Briel, Carlos Alfonzo, Juan Abreu, entre otros. Los «marielitos» también impusieron su imagen en la comunidad, a pesar de aquella, muy estereotipada, del individuo antisocial que se pretendía dar en un filme de éxito internacional como *Scarface*, dirigido por Brian de Palma en 1983.

Fueron los «marielitos» quienes desplazaron el centro de atención de la ciudad hacia Miami Beach, una zona que, hasta la fecha, era el feudo del turismo y de los jubilados que llegaban huyendo del frío de los estados norteños para pasar sus inviernos en el clima soleado de La Florida. De ese lento renacer del balneario surge la rehabilitación de muchos de sus edificios en estilo Art-deco. A esa parte de la ciudad llegó incluso la influencia de la Nueva Trova Cubana cuando uno de sus fundadores en Cuba, Amado Rafael, se exilió en Miami y creó «La Trova de la playa» a finales de la década de 1980. Allí cantaron los trovadores Pedro Tamayo (nacido en Bayamo en 1944, quien salió de Cuba hacia Nueva Jersey en 1965 y llegó a Miami en 1978 donde bajo la dirección de Natalio Chediak y Jorge Oliva grabó el álbum *Todo está querido* con muchas canciones de su propia autoría) y Manolo Blanco (fallecido en Miami en 2018), la cantante Doris de la Torre (ya evocada), el guitarrista Jorge Fernández Pita, Pepino (nacido en La Habana en 1952, quien integró en los 1960 grupos como Los Dada o Almas Vertiginosas, y salió de Cuba rumbo a Costa Rica en 1985 hasta que un año después puede llegar a Estados Unidos, en donde recientemente la televisión italiana le dedicó el documental *Pepino's Back*) y se dio a conocer el fabuloso dúo de Carlos Gómez (un trovador originario del pueblo villaclareño de Trinidad que había intentado salir de Cuba cuando el Mariel y al que, como castigo, lo retuvieron en el país cinco años) y la cantante canaria Marta Ramírez (a quien Gómez conoció tras su llegada a Madrid en 1985 y con quien, poco después, forma un dúo, se casa y emigran a Miami). Esa «Trova de la Playa» fue, a decir del periodista y escritor cubano Daniel Fernández, quien llegó a la ciudad como preso político en 1979, uno de los eventos mayores, desde el punto de vista musical, que ocurrían en Miami, fuera de los circuitos comerciales de la música. Asistían escritores que leían sus textos como Vicente Echerri, Andrés Reynaldo, René Ariza o Roland J. Behard, y en donde, según un artículo de este último para *El Nuevo Herald*, se comía, se bebía y era sitio bohemio para que los solterones encontraban pareja. El dúo de Carlos y Marta se separó en 2014, pero durante décadas ocupó un lugar prominente en la salvaguarda del patrimonio musical cubano en el exilio.

En esa misma época, llegó a España uno de los grandes del *feeling* cubano, el cantante y pianista Meme Solís (Mayajigua, 1939), quien comenzó su carrera musical a finales de la década de 1950 acompañando a Fernando Albuerne en el Salón Caribe del hotel Habana Hilton y trabajó intensamente como pianista y acompañante del cuarteto D'Aida, Esther Borja, Xiomara Alfaro, la mezzosoprano Alba Marina, Rosita Fornés, Renée Barrios, el dúo Las Capellas, las Hermanas Lago, entre otras glorias musicales de la isla, pero sobre todo, junto a Elena Burke, antes de fundar en 1960 el Cuarteto de Meme Solís con Moraima Secada, Ernesto Martín y Horacio Riquelme que animaba centros nocturnos de la capital cubana como El Gato Tuerto, el Pico Blanco del hotel Saint John's, el Club 21, el cabaret Copa Room del hotel Habana Riviera, el Continental del hotel Internacional de Varadero y Tropicana, y en el que Moraima Secada fue sustituida por la cantante Farah María, y al que entraron luego Miguel Ángel Piña y Héctor Téllez. Meme Solís creó en 1962, en Radio Progreso, el célebre programa *A solas contigo*, acompañado por Elena Burke y Luis García, que se mantuvo en el aire durante ocho años. Tras 18 años de «incilio», o sea, de ostracismo interno desde que hizo saber su deseo de salir del país en 1969 hasta que se le permitió salir de Cuba rumbo a España, en 1987, Meme vivió alejado de los proyectores. La prensa oficial lo había borrado y sus propios colegas cantaban sus canciones sin mencionar la autoría. Luego se instaló en Nueva York, ciudad en donde vive y trabaja aún, y desde la que viaja con regularidad a Miami para ofrecer un concierto anual en el Dade County Auditorium (en donde celebró en 2019 sus 60 años de carrera musical), a la vez que realiza otras giras por América Latina.

Desde el punto de vista musical, el Jazz of the Waldorf también dio fe de los nuevos aires que se respiraban cuando tocaba en su escenario el gran saxofonista Paquito D'Rivera (La Habana, 1948), auténtico virtuoso de jazz que desertó del grupo al que perteneció en Cuba (Irakere), durante una escala en el aeropuerto madrileño de Barajas. En ese entonces, en una entrevista concedida a *El País* al periodista Carlos Galilea (13 de julio de 1996), contó que su vida en la isla había terminado y para dar un ejemplo de hasta qué punto algunos personajes de la revolución despreciaban el arte, recordó una anécdota en que una vez, al insistir en conocer al Che Guevara llegó el momento en que se lo presentaron, y el argentino le preguntó entonces a qué se dedicaba. Cuando le respondió que era músico, el Che le dijo: «No, no me has entendido, te pregunté cuál es tu trabajo».

Aunque no llegó a Estados Unidos a través del puente de Mariel, Paquito D'Rivera tituló su álbum con Randy Baker con el nombre de ese puerto cubano. Para castigarlo por haberse ido definitivamente de la isla, el gobierno impidió durante varios años que su hijo Franco pudiera reunirse con él en el exilio. Una vez instalado en Nueva York (que fue a donde primero llegó), fundó el conjunto Havana/Nueva York, en el que ganaron gran popularidad intérpretes como el percusionista Daniel Ponce y los pianistas Hilton Ruiz y Danilo Pérez.

Por el Mariel llegaron a la Gran Manzana los grandes percusionistas Orlando "Puntilla" Ríos (La Habana, 1947–Nueva York, 2008) y Manuel Martínez Olivera, El Llanero. Maestros de la rumba cubana, tuvieron mucha influencia en infundir nuevos bríos a este estilo creando sus propias escuelas en dicha ciudad. Puntilla grabó en 1984 *From Havana to New York* y participó en grabaciones de Daniel Ponce, Kip Hanrahan y Chico O'Farrill. La rumba brava se tocaba desde los años 1960 en el Central Park de la ciudad, pero a partir de 1996 otro grupo de rumberos cubanos empezó a tocarla también en un restaurante de Union City (Nueva Jersey) llamado La Esquina Habanera. A Nueva York llegan también el baterista Ignacio Berroa (quien colaboró con Dizzy Gillespie desde 1981), el percusionista Roberto Borrell (nacido en La Habana en 1947, integrante del grupo folklórico Kubatá), así como el tamborero Daniel Ponce (nacido en La Habana en 1952 y fallecido en Miami en 2013, muy a menudo comparado con Chano Pozo por su talento excepcional como conguero).

Llegaron entonces a Miami, también por el puente del Mariel, el violinista habanero Alfredo Triff, el cantante Niño Jesús (quien grabó en 1986 un álbum con la orquesta Célebre), las hermanas María Luisa y Teresa Diego (cantantes y compositores de títulos como *Hazme el amor*, que incluyó Oscar D'León en su disco *The Best of Oscar D'León*), así como el trombonista Juan Pablo Torres (nacido en Puerto Padre en 1946 y fallecido en Miami en 2005), quien dirigió la orquesta Estrellas del Areíto e integró el grupo Irakere antes de llegar al exilio, en donde vivió por unos años en Zaragoza y regresó a Estados Unidos en 1993.

155

Estos nuevos intercambios entre viejos exiliados y recién llegados propiciaron encuentros memorables como el de Paquito D'Rivera y Chico O'Farrill en 1984, año en que graban *Guaguasí* (KIM) o de este mismo saxofonista con Patato Valdés, Graciela y Mario Bauzá en el disco *Afro-Cuban Jazz* (Caimán, 1986). Ese mismo año, nació el proyecto Afro-Cuban jazz, que reunió a José Fajardo y Patato Valdés, entre los veteranos, con Paquito D'Rivera, Daniel Ponce e Ignacio Berroa, entre los recién exiliados. D'Rivera supervisa entonces la jam sesión *Forty Years of Cuban Jam Session*, que contó con los maestros Chombo Silva, Chocolate Armenteros e Israel López Cachao. También participó en el espectáculo *Yoruba Fantasy* junto a Celia Cruz y Daniel Ponce, mientras que Daniel Ponce y Orlando "Puntilla" Ríos colaboraron en *Arawé* (Antilles, 1987), años después de haber grabado *New York Now* (Celluloid, 1982).

En Miami se da incluso la particularidad de que los descendientes de los primeros exiliados, es decir, de una segunda generación de cubanoamericanos, continúan el mismo camino de sus padres, convirtiéndose en figuras de referencia en la escena artística. Es el caso, por ejemplo, de la cantante Lissette Álvarez, hija de Olga

Chorens y Tony Álvarez, que había llegado como Peter Pan en 1960. Años después fija su residencia en Puerto Rico y vuelve a Miami en 1980 en donde se casó con el cantautor Willy Chirino, con quien colaboró en varios momentos. En ese contexto sobresalió también el joven Yovany Alas, hijo del cantante Carlos Alas del Casino, llegado a Miami a los 13 años de edad en 1978, y quien cultivó, como su padre, la música tradicional cubana.

Yolanda del Castillo y William Navarrete

En 1980, llegó a la ciudad, proveniente de Chicago, en donde vivía desde 1967, la compositora Yolanda del Castillo (Santiago de Cuba, 1933–Miami, 2013), quien compuso *Gracias Miami*, que grabó el cantante de feeling Luis García y que es, probablemente, el primer homenaje integral a Miami mediante una composición en español:

> *Hoy que han pasado tantos años de espera*
> *que hemos andado largos caminos,*
> *de nieves y praderas, entre tanta nostalgia,*
> *y tanto deambular, entre mil esperanzas,*

que vienen y se van, para todos nosotros,
aunque no sea la patria, se ha encontrado
[un lugar.
Miami, te doy las gracias
porque me haces sentir,
que puedo sonreír
más cerca de mi Cuba.
[Porque me alumbra el sol,
y hay un cálido mar y descubro luceros
que en años pasados
me hicieron soñar].
Miami, te doy las gracias
por escuchar mi idioma,
y encontrar al amigo
que pensé ya no ver.
Porque tu juventud
sigue siendo cubana
y aquella viejecita
está segura que va a volver.
Gracias Miami,
por darnos tanto
tan solo te diré,
que si te dejo un día,
jamás te olvidaré
[...]

Se añade también el hecho de que Yolanda del Castillo, quien también desempeñó un papel encomiable a través de la asociación Herencia de la Cultura Cubana junto a su esposo Armando Cobelo, compuso el primer pregón miamense: *Vendedores*, grabado por Celia Cruz en 1987 (Vaya Records), incluido como *Gracias Miami* en el libro de cantos dedicados por emigrantes a Estados Unidos, *Immigrant Songbook* (Mel Bay Publications), de Jerry Silverman: «[...] *del Mariel y muy honrado,/ paso los días vendiendo,/ traigo rico granizado/ y así me voy defendiendo*».

Otro caso curioso fue el de la cantante María Conchita Alonso (Cienfuegos, 1957), quien creció en Venezuela, país en el que fue elegida Miss Mundo Junior (1971) y Miss Venezuela (1975) y se estableció en Hollywood, en 1982, para trabajar con Robin Williams en *Moscow on the Hudson* (1984), del realizador Paul Mazursky. Alonso actuó luego junto a Arnold Schwarzenegger en *The Running Man* (1987) y a Meryl Streep y Glenn Close, en *La casa de los espíritus* (1993), adelantándose a la ola de estrellas hispanoamericanas con éxito en ese ámbito como Jennifer López, Christina Aguilera, Penélope Cruz o Shakira, y recientemente Salma Hayak, Eva Mendes, Eva Longoria o Sofía Vergara.

En esa misma década llegaron el excelente guitarrista y autor del extraordinario bolero *Total* (1946), Ricardo García Perdomo (Cienfuegos, 1917–Miami, 1996); Luis Pla, fundador de un trío junto a Senén Suárez y Manolito Menéndez y autor de la guaracha *Cubanito*, popularizada por Los Guaracheros de Oriente, en 1959.

Otro caso interesante fue el del compositor José Dámaso "Chein" García Alonso (La Habana, 1953–Carolina, 2015), quien llegó a Estados Unidos a los 25 años, y dejó su trabajo en el aeropuerto de Miami, para dedicarse a la composición musical. Su primer tema fue *La noche*, que grabó Lissette, seguido de *Enamorado*, cantado a dúo por esta misma cantante y Willy Chirino, además de *Tiqui tiqui*, una divertida crítica a la prensa sensacionalista. Luego, otros intérpretes escogieron piezas de García, como Celia Cruz al grabar *Que le den candela*, un éxito rotundo de interpretación. También fue compositor de la exitosa canción *Experiencia religiosa*, interpretada por Enrique Iglesias y de temas tan populares como *Mirándote* y *Tú me vuelves loco*, entre otras, que lanzaron al estrellato al cantante puertorriqueño Frankie Ruiz.

La década de 1990: consagración de la música del exilio

El 1990 el gran trompetista Arturo Sandoval (Artemisa, 1949), ex integrante de Irakere, solicitó asilo político en la embajada de Estados Unidos en Roma. Poco tiempo después, se instaló en Miami y decidió rendir tributo al largo exilio cubano con un álbum titulado *Flight to Freedom*. Cuando Dizzy Gillespie creó su *big band* de jazz latino United Nations Oschestre, no vaciló un instante en integrar a Sandoval junto al panameño Danilo Pérez y el puertorriqueño Giovanni Hidalgo, así como a los cubanos Paquito D'Rivera e Ignacio Berroa. En 1993, grabó el álbum *Trumpet Evolution* (Crescent Moon

Records) con un extraordinario trabajo en que, toca la trompeta en el estilo de cada uno de los grandes trompetistas internacionales. Y un año más tarde, Sandoval –cuya carrera en Cuba parecía estancarse– ganó un Grammy Award por su disco *Danzón, dance one*. Siempre solidario con la causa del exilio, se le pudo ver subir al escenario en que recogió su premio llevando una camiseta en la que se leía la frase «Libertad para Raúl Rivero», poeta y uno de los 75 periodistas independientes encarcelados por delito de opinión durante la llamada Primavera Negra de 2003.

Tras la caída de los regímenes comunistas de la Unión Soviética y los países de Europa del Este, la situación económica de la isla se degradó significativamente. El Gobierno declaró «el periodo especial en tiempos de paz», algo que significaba mayores dificultades para la vida cotidiana de la población de la isla, de por sí ya experimentada durante décadas de privaciones y carencias desde la llegada de Fidel Castro al poder. En 1991, pensando que el régimen cubano no demoraría en caer, el cantautor Willy Chirino grabó en su disco *Oxígeno*, el título *Ya viene llegando*, que no tardó en convertirse en un himno de esperanza dentro de la propia isla, gracias a su difusión por emisoras de onda corta y la conocida Radio Martí, una cadena federal fundada un 20 de mayo de 1985, transmitiendo en sus inicios las 24 horas del día desde Washington para mantener informada a la población cubana.

Chirino fue, junto a Gloria Estefan, el primero de los cantantes cubanoamericanos que gozó de una enorme popularidad ante el público internacional.

En *Ya viene llegando*, el cantautor hace un ajuste de cuentas con su propia historia: «*Apenas siendo niño allá en la Antilla/ mi padre me vistió de marinero/ tuve que navegar 90 millas/ y comenzar mi vida de extranjero*». Cuenta las razones de aquella decisión: «*Huyéndole a hoz y al verde olivo/ corriendo de esa absurda ideología/ pues nunca quise ser aperitivo/ del odio, del rencor y la apatía*». Añade las profundas raíces que lo acompañan desde que salió de su tierra: «*Y en la maleta traje un colibrí/ un libro de Martí/ un sueño y un danzón/ vino Benny Moré de polizón/ junto a los Matamoros y Cuní./ Me traje una palmera y un bohío/ y hasta mi Pinar del Río lo relocalicé/ en mi humilde lugar de alojamiento/ por la dulce avenida del saber*». Pero no todo fue color de rosa, pues como para muchos exiliados la vida fuera de su propia cultura implicaba duros sacrificios y no pocos momentos difíciles: «*Ahí empezó la dura realidad/ de todo el que se tira a la maroma/ de sobrevivir fuera de su idioma/ de sus costumbres y de su identidad./ Pasó lo que tenía que pasar/ de mi nueva ciudad comenzó abrigo/ pues la resignación es buen amigo/ del hombre cuando tiene que emigrar*». Y a pesar de aquellas circunstancias, pero, sobre todo, del tiempo transcurrido desde entonces, el cantautor no renuncia a sus raíces, ni olvida el sitio en que vio un día la luz: «*Y pese a la distancia y al ataque/ de un rígido almanaqu / yo vivo con la suerte/ de sentirme cubano hasta la muerte/ de ser amante de la libertad./ Hoy que mi pueblo vive ilusionado/ yo me siento inspirado/ y un son le estoy cantando/ anunciándole a todos mis hermanos/ que nuestro día ya viene llegando …*».

Ya se cumplen 30 años de aquella inspiración, y el día que «viene llegando» parece prolongarse, y el exilio recibiendo entre tanto, a miles de cubanos más, entre los que me incluyo, pues fui testigo desde dentro de la isla del rotundo éxito de aquella canción que

cantábamos *sotto voce* en reuniones y fiestas, por temor a que nos sorprendieran escuchándola, pero también convencidos de que el cambio no podía demorar.

Al año siguiente de aquella canción, otro joven cubanoamericano, Jon Secada, quien había llegado a Miami con siete años en 1970, logró vender seis millones de copias de su álbum *Otro día más sin verte / Just Another Day* (1992), un tema que escribió conjuntamente con Miguel A. Morejón. Secada era sobrino de una de las grandes voces de Cuban, la cantante Moraima Secada, y consiguió colocarse durante 38 semanas seguidas en los primeros seis lugares de la lista de hits de Billboard. El álbum, dicho sea de paso, le valió también un Grammy.

Un año después, Celia Cruz incluyó en su nuevo disco una hermosa balada de Emilio Aragón titulada *De La Habana hasta aquí*, en la misma época en que la cantante Maggie Carlés (La Habana, 1947) quien había pasado varios años en París, en donde cantaba en uno de los clubes del Quartier Latin (que de latino no tiene nada, excepto que, siglos antes se hablaba latín por ser el barrio de la Universidad de La Sorbona y porque todas las clases se impartían en la antigua lengua de Roma hasta muy entrado el siglo XIX), se instaló definitivamente en Miami e incluyó en su primer álbum grabado en esta ciudad (*Amor siempre tú*), el título *Enfin libre*. Producido por el actor cubanoamericano Andy García, el documental *Cachao, como mi ritmo no hay dos* (1993), fue difundido poco después, en ese año prolífico en que, como recordamos, también salió *Mi tierra* de Gloria Estefan, y sirvió de preludio a los dos trabajos discográficos ya mencionados: *Cachao, Master Sessions* I *y* II. El gran bajista cubano, al que Andy García rindió un merecidísimo homenaje, volvió a la luz después de años de olvido. En aquellas brillantes grabaciones pudimos ver la participación de antiguos exiliados (Orestes Vilató, Rolando Laserie, Francisco Aguabella o Alfredo "Chocolate" Armenteros), junto a cubanoamericanos (Andy García, Emilio Estefan o Alfredo Valdés Jr.) y otros de presencia más reciente en Estados Unidos (Juanito Márquez y Paquito D'Rivera). No está de más recordar que aquella idea absolutamente sublime de Andy García fue el detonante que inspiró, años después, el fenómeno Buena Vista Social Club, en que Nick Gold (de la casa disquera World Circuit) y el guitarrista norteamericano Ry Cooder, encontraron en los viejos trovadores olvidados de La Habana, la 161 materia prima para un álbum que grabaron en 1996 y que terminó siendo llevado al cine por Wim Wenders en 1998, vendiendo desde entonces más de ocho millones de copias.

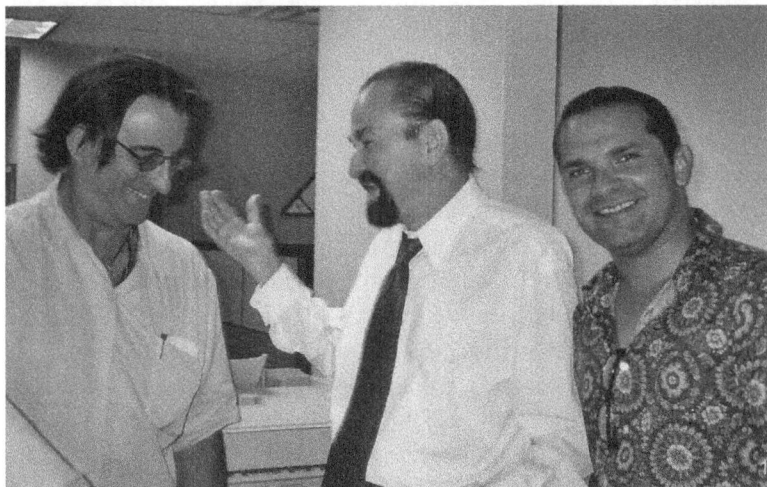

Andy García, Agustín Tamargo y William Navarrete. Miami, agosto del 2006

Pero justo es recordar que el trabajo del actor de películas tan conocidas como *El padrino 3*, *The Untouchables* y *Ocean's Eleven*, dio también la vuelta al mundo poniendo una vez más a la música cubana en el lugar cimero de la preferencia del público durante varios años. En aquella época, yo estudiaba en La Sorbona de París y trabajaba en el departamento de discos que en Francia llamaban entonces «Musiques du monde» (una amalgama de músicas tradicionales donde lo mismo se encontraban discos de tango, flamenco, cantos bretones o corsos, músicas bereberes o tibetanas, reggae jamaicana o salsa latina, entre otras), de una gran tienda especializada en la venta de libros, películas y discos llamada FNAC (que todavía existe, pero que hoy en día parece más un centro comercial que una tienda especializada en la cultura), de la que existían varias sucursales en todo París y en grandes ciudades de provincias. Recuerdo que, venían personas de orígenes diversos a pedirme los volúmenes de *Master sessions* que encargaba por decenas al distribuidor pues, apenas llegaban, volvían a agotarse. Fue en aquella misma época en que pude asistir, por solo mencionar algunos de los escenarios de conocidos clubes y teatros de París, a los conciertos de Cachao (Palace, 13 de marzo de 1994), Mario Muñoz Salazar, Papaíto (New Morning, 15 de abril de 1994), Paquito D'Rivera (New Morning, 22 de mayo de 1994), Los Van Van (parque de Pantin, 28 de mayo de 1994), NG la Banda (New Morning, 24 de junio de 1994), Frankie Ruiz (Palais de la Mutualité, 1 de octubre de 1994), Vieja Trova Santiaguera (New Morning, 5 de noviembre de 1995), como efecto del éxito de aquellos álbumes, seguidos más tarde por otros grandes conciertos, también en París, en pleno periodo de auge de la música cubana, después del éxito de Buena Social Club: el dúo de Gema Corredera y Pável Urkiza (Le Divan du Monde, 19 de enero de 1996), Tata Güines, José María Vitier, Miguel Angá y Miriam Ramos (Le Petit Journal de Montparnasse, 26 de enero de 1996), Los Van Van (Hot Brass de La Villette, 29 de junio de 1996), La Charanga Habanera (New Morning, 3 de agosto de 1996), Compay Segundo (Bataclan, 7 de octubre de 1996), Rubén González (Le Divan du Monde, 14 de mayo de 1997), Celia Cruz con José Alberto, el Canario (Bataclan, 27 de junio de 1997), la orquesta Aragón (La Cigale, 21 de noviembre de 1998) y la Casa de la Trova Santiaguera (New Morning, 29 de abril de 1999), en una década en que la música cubana (y en general, latinoamericana) atraía a multitudes de espectadores en cualquier capital europea.

LE BATACLAN
50, Bd Voltaire
75011   PARIS

CELIA CRUZ
JOSE ALBERTO - EL CANARIO -
VENDREDI 27 JUIN 1997   21H00

PLACEMENT LIBRE

Prix TTC : FRF 220   Prix unique
19970625/53 /B97111651

163

Celia Cruz en concierto en el Bataclan, 27 junio 1997

Entre tanto, Willy Chirino graba *South Beach* (Sony, 1993) en donde incluyó el título *Memorándum para un tirano*, compuesto por su compatriota, la también cantautora Marisela Verena, otra cubanoamericana nacida como él en Pinar del Río y llegada al exilio de niña en 1962 durante la operación Pedro Pan, y quien ha vivido entre Puerto Rico y La Florida cosechando éxitos como *Nosotros los cubanos*, de su propia autoría, compuesta en 2004. En el álbum de Chirino, encontramos al cantante cubano Donato Poveda (del ámbito de la Nueva Trova en la isla, quien había llegado a Venezuela en 1989, antes de instalarse en Miami), a Albita Rodríguez (quien había descollado en Cuba en el universo de la música campesina en sus primeros años de carrera musical), Arturo Sandoval y el pianista Carlos Infante. En el coro de esta pieza oiremos las voces de Olga María Touzet (hija de René Touzet y Olga Guillot), Lissette Álvarez, Carlos Oliva, Gustavo Rojas, Sergio Fiallo, el grupo de Chirino Sisters (Angie, Olgui y Jessica Chirino, hijas del cantante), Viviana Pintado y Mercedes Aba: «*Libertad, libertad/ basta ya de injusticia y maldad./ Libertad, libertad,/ Cuba clama y reclama libertad*».

Celia Cruz con Carlos Oliva en Miami

En 1994 llegó a Miami el cantautor Mike Porcel (La Habana, 1950) a quien el régimen le había negado la salida de Cuba durante nueve años hasta que por intervención de la Comisión Nacional de Derechos Humanos pudo salir rumbo a España en 1989. Porcel había estudiado música en el Conservatorio Fernández Vila y, a finales de la década de 1960, había fundado, junto a Raúl Pastora, el grupo Los Dada. Iniciador de la Nueva Trova con Pedro Luis Ferrer, formó parte del grupo de jóvenes que trató de fusionar la trova con el rock. En 1973, fue cofundador del grupo Síntesis y arreglista musical de Teatro Estudio. Pero en 1980 decidió emigrar y, entonces, no solo fue víctima de actos de repudios, sino que se le negó la posibilidad de trabajar hasta que pudo salir del país. Durante esos años difíciles, Porcel pudo sustentarse gracias a los religiosos de la iglesia San

Antonio de Miramar, que le permitieron tocar allí junto a otros músicos también excluidos. En ese caso estaba el guitarrista Jorge Fernández, Pepino (también exiliado en Miami), ya mencionado. En 2020, dos jóvenes cineastas del Instituto Nacional de Arte (ISA) de La Habana, José Luis Aparicio y Fernando Fraguela, sorprendieron al propio Porcel y a sus seguidores con un documental titulado *Sueños al pairo*, que rescataba desde Cuba a la figura del músico y sondeaba a algunos actores (y agentes) de la cultura oficial acerca de aquellos años en que había sido censurado. En Miami, Mike Porcel continuó su carrera musical, realizó la dirección musical para el Teatro Avante y grabó varios discos, siendo *Déjà vu* (2021) su más reciente trabajo, en que no solo toca e interpreta piezas de su repertorio que han cantado otros artistas (como Beatriz Márquez, Ivette Cepeda y el dúo de Gema y Pável), sino que se convierte en su propio productor, distribuidor y arreglista, con miras a ganar plena independencia del mercado, según confiesa en una reciente entrevista que le hice y publiqué en *El Nuevo Herald*, con motivo de su nuevo disco.

165

William Navarrete con Olga Guillot, fiesta de disfraces, Coral Gables, agosto 2005

Sometida al rigor del llamado «periodo especial» la población cubana se vio confrontada a penurias de todo tipo. En julio de 1994 tuvo lugar en el Malecón habanero el primer estallido social (en consecuencia, conocido como «El Maleconazo») contra el régimen. Fidel Castro comprendió entonces que necesitaba abrir la válvula de escape para evacuar así algo del descontento popular acumulado por años de privaciones desde la caída del muro de Berlín. Se produjo entonces el éxodo de los balseros, en que unos 37 mil cubanos se lanzaron al mar en balsas rústicas de fabricación casera hasta que las autoridades norteamericanas se vieron obligadas a tomar cartas en el asunto para evitar que llegaran miles más.

En este momento, los compositores del exilio suben el tono y es entonces que Hansel Martínez compone *Esto no hay quien lo aguante*, en donde no disimula su cólera contra el régimen cubano: «*Amigo, esto no hay quien lo aguante/ esto no es nada fácil, en una carta me dijo José/ se acabó la gasolina, el azúcar y el café/ tengo callos en los pies por falta de transportación …*». Introduciendo incluso frases tan agresivas como: «*Los gobernantes y los turistas comen langosta, carne y camarón/ sin embargo, al pueblo oprimido/ no le dan ni un triste tostón/ y dice ese maricón, que uno tiene que acostumbrarse/ que a la hora de bañarse no hace falta usar jabón*». O incluso: »*A Cuba, voy a regresar/ y no me importa cuál sea la ruta/ vete y dile a ese hijo de puta/ que le ha llegado su final*». Y este estribillo: «*Que se vayan pa'l carajo de Cuba los comunistas*». No sé de qué podría asombrarse el público, décadas después, de los textos soeces de ciertos reguetoneros, así como de ciertos lemas callejeros coreados durante las manifestaciones 2021 contra Miguel Díaz-Canel.

El éxodo de los balseros despertó también la solidaridad de autores no nacionales. Tal fue el caso del colombiano Jairo Valera, quien compuso *Balseros: testimonio de libertad*, grabado por el Grupo Niche en su disco *Huellas del pasado* (Medellín, CD Discos).

En 1995, la cantautora Albita Rodríguez, quien había residido primero en Colombia desde 1990 hasta que llegó a Miami, lanzó su disco *No se parece a nada* (1995). En él incluyó el tema *Qué culpa tengo yo*, cuyo estribillo dice: «*qué culpa tengo de que mi sangre suba/ qué culpa tengo yo de haber nacido en Cuba*». También graba en ese mismo álbum *Ay mi barrio*, del compositor Omar Hernández, anteriormente músico del grupo Afrocuba, también exiliado ya en Miami, en donde amenizó durante algunos años la banda del Café Nostalgia junto al cantante Luis Bofill (quien había vivido antes en Alemania y se radicó en Miami en 1994), convertido desde 1995 en sitio de referencia para noctámbulos amante de la buena música cubana, en un local de la Calle Ocho y la 27 del South West, antes de mudarse en 1998 hacia la calle 41 de Miami Beach, tras la asociación de su propietario José Horta, con Shareef Malnik, el propietario del mítico restaurante The Forge. El legendario espacio de la Calle Ocho fue adquirido entonces por Fabio Díaz Vileta quien fundó en 1999 Hoy como Ayer, otro local icono de la música cubana de las últimas décadas hasta su cierre en el verano de 2019, en que se presentaron decenas de intérpretes cubanos como Aymée Nuviola, Amaury Gutiérrez, Malena y Lena Burke, Idania Álvarez, Luis Bofill, Marisela Verena, Willy Chirino, Albita Rodríguez, Maggie Carlés, Descemer Bueno y muchos más.

En la década de 1990, la nostalgia siguió siendo tema recurrente en el ámbito del exilio, algo que inspiró a Leslie Pantín, fundador del Carnaval de la Calle Ocho en 1977, para crear los festivales Cuba Nostalgia que tienen lugar desde 1999 dos veces al año en el Convention Center de Cocunut Groove.

El auge del fenómeno de la prostitución en Cuba, después de la apertura de la isla al turismo a fines de la década de 1980, inspiró a Willy Chirino el tema *La jinetera*, término por en el argot cubano se llamó desde fines de los 1989 a las personas de ambos sexos que intercambiaban con los extranjeros placer sexual contra artículos de primera necesidad, dinero o salidas a lugares a los que los nacionales no tenían acceso. Así, en una parodia de aquella situación, Chirino cuenta la vida de Eva, una jinetera que se dedica a esta actividad ante la que el régimen se hace la vista gorda porque también constituía una valiosa fuente de ingresos de divisas para las arcas del Estado: «*Cuando la tarde se pone en el Malecón/ Eva se está preparando para la acción,/ acechando a los turistas que hay en La Habana,/ por unos dólares te vende su manzana./ La minifalda te enseña hasta el infinito/ mientras se va caminando por el circuito,/ donde los fulas te compran lo que tú quieras/ ábranle paso a Eva, la jinetera*». Y el coro canta: «*Tiene sólo 17 primaveras, y más aventuras que Tarzán/ detrás de la risa de la jinetera, Eva está llorando por su Adán*». El texto nos sigue informando que Eva vive en un cuartico pequeño en Luyanó, en donde alimenta con lo que gana a su hijita de siete meses, de modo que las apariencias engañan. El novio de Eva era del Partido Comunista, pero decepcionado, armó con cuatro tablas una balsa y se largó para «la Yuma» (los Estados Unidos), para concluir diciendo que no quiere que ese canto traiga tristezas porque «*pronto en mi tierra estaré cantando/ porque yo sé que La Habana me está esperando*».

En 1996, Celia Cruz grabó su *Tropical Tribut to The Beatles*, en que interpretó grandes éxitos del grupo de Liverpool en versión salsa y junto a Tito Puente, Oscar D'León, Ray Sepúlveda, entre otros salseros latinos. Y para promover aquel trabajo recorrió los anfiteatros de Valencia, Barcelona, Madrid, La Coruña y Las Palmas de Gran Canaria.

Los cantantes cubanos actuaban en los diferentes centros nocturnos de Miami. Malena Burke (hija de la cantante del feeling Elena Burke) cantó en La Taberna y grabó junto a Luis García y Meme Solís el álbum *A solas contigo* (Sol Records, Miami, 1998), homenaje a la emisión radial así titulada que animó en 1963 Elena Burke a través de las ondas de Radio Progreso. La cantante Annia Linares (quien había nacido por casualidad en Maracaibo en 1953 y había tenido notorio éxito en La Habana de los 1970 y 1980) o Mirtha Medina (también en el mismo registro y género de pop latina, quien inauguró en 2003 La Casa de la Medina, en el North West de la ciudad) e, incluso, Seve Matamoros (hija del gran Miguel Matamoros, que participó en el gran concierto de homenaje a su padre, celebrado en Dade County Auditorium, un 25 de septiembre de 1999, organizado por el pianista Enrique Chiá y la sociedad Pro-Arte Grateli) se instalaron también en Miami y se presentaron con regularidad en diferentes escenarios. En esa época Olga Guillot festejó sus 60 años de carrera musical con una serie de conciertos titulados *Faltaba yo* con los que recorrió Madrid, Gijón, Salamanca, Sevilla y Barcelona. Para la fecha, ya había grabado unos 51 discos y participado en 16 películas.

Pero las relaciones entre La Habana y Miami son muy tirantes. Entre el 25 y el 28 de agosto de 1998, el MIDEM de la música latina había escogido a Miami para su segunda edición. Unos 400 exiliados concentrados delante del Convention Center de Miami Beach manifestaron entonces contra la presentación y comercialización en la ciudad de músicos que vivían en la isla. No era la primera vez que la llegada de músicos cubanos desde La Habana provocaba reacciones de este tipo. En 1996, durante la presentación de la vedette Rosita Fornés, entonces residente en La Habana, en el Centro Vasco de Miami, explotó una bomba de fabricación casera en la entrada del lugar. Como siempre, en los temas políticos cubanos nunca se supo a ciencias ciertas si detrás no estaba la misma mano del propio gobierno castrista, en su afán de mostrar al exilio como una masa amorfa de intolerancia. En todo caso, en lo referente al MIDEM, la prensa europea se hizo eco de aquel hecho tildando de intolerantes a los exiliados sin mencionar que los músicos de la isla debían entregar el 50% de sus ingresos ganados en el exterior al propio régimen. Tampoco la prensa europea mencionó que ninguno de los artistas exiliados tenía derecho de cantar ante el público de la isla. La imparcialidad ha dejado de ser desde hace tiempo una virtud del periodismo.

169

William Navarrete, María Mesa, Compay Segundo y Mariane Pearl, París, 11 nov 1996

UN NUEVO MILENIO

Los albores del siglo XXI

E l 25 de noviembre de 1999, el niño Elián González y dos adultos son los únicos sobrevivientes del naufragio de una balsa que partió de Cuba con 14 personas a bordo. En ella viajaba también la madre del niño, Elizabeth Brotons Rodríguez, quien se ahogó en el trayecto. Unos pescadores norteamericanos encontraron a Elián flotando en las aguas, cerca de las costas floridanas. Acogido por miembros de su familia exiliada en Miami, el niño fue reclamado por Fidel Castro quien instrumentalizó aquella enorme tragedia haciendo de la reivindicación del derecho del padre (que vivía en Cuba) un motivo de conflicto diplomático que involucró no solo a los cubanos sino al mundo entero. En diciembre de ese mismo año la Corte de Justicia norteamericana por mediación de la jueza general Janet Reno, dio, como se esperaba, razón al reclamo del padre, por muy terrible e inhumano que pareciera tal veredicto. Y es que, por encima de juicios morales o sentimentales, la ley debía ser aplicada: mientras uno de los padres viviera, era con éste con quien debía vivir el menor de edad.

En Cuba, por supuesto, las manifestaciones «espontáneas» bajo el lema «Devuelvan a Elián» paralizaron durante meses a un país que, de todas formas, siempre ha estado económicamente paralizado desde hace décadas. Cuba acababa de ser condenada el 23 de abril de aquel mismo año por la Comisión de Derechos Humanos de Ginebra y el gobierno se hallaba en una posición delicada porque numerosas personalidades extranjeras pedían con insistencia visitar a los disidentes dentro de la isla. El «caso Elián» sirvió entonces de cortina de humo al régimen para encarcelar a unas 340 personas contestatarias y condenar a prisión domiciliaria a otras 200. Por otra parte, en el seno del partido Demócrata estadounidense, el caso dividió también en dos campos a sus representantes, pues el vicepresidente Al Gore se opuso entonces a la política de Bill Clinton y ambos aprovecharon la situación para convertirla en manzana de la discordia con fines electorales. Las manifestaciones contra la devolución del niño se intensificaron en Miami, pero el niño fue finalmente devuelto a Cuba un 28 de junio de 2000. La primera plana de *El Nuevo Herald* en la que se ve a un agente federal armado hasta los dientes irrumpir en la modesta vivienda de su tío-abuelo Lázaro González, en la Pequeña Habana, ante un niño que grita aterrorizado, permanece todavía en la memoria de todos los que vivieron aquellos episodios. No en balde la foto resultó ganadora del premio Pulitzer 2001 de *Breaking News*.

En aquel entonces no pocos cantantes cubanos del exilio se opusieron a la devolución del niño a Cuba y se presentaron en la tribuna improvisada en la esquina de la casa de la familia González. Entre ellos, Willy Chirino, Gloria Estefan y Hansel Martínez. Por su parte, Albita Rodríguez escribió para aquella ocasión un sentido artículo en la revista *People* titulado «Yo también fui Elián González» (agosto de 2000) y el cantante Ivory Aguilera, que había llegado a Miami durante la crisis de los balseros de 1994, grabó el álbum *El llanto de los balseros* (Libertad Records, 2000), cuyas ventas entregaba al fondo creado para que el niño no fuera devuelto a la isla.

El exilio siguió acogiendo y produciendo talentos musicales. En 2001, Juan Pablo Torres produjo *Cuban Masters: los originales* (Pimienta Records), un álbum en donde volvemos a encontrar a Israel López Cachao, Rudy Calzado, Alfredo "Chocolate" Armenteros, Carlos "Patato" Valdés, Alfredo Valdés Jr., Walfrido de los Reyes, Juanito Márquez y Francisco Aguabella, al flautista José Antonio Fajardo, los saxofonistas Rafael "Tata" Palau (Marianao, La Habana, 1931, ex miembro de la orquesta Hermanos Palau) y Jesús Camacho (La Habana, 1934), el pianista Alfredo Rodríguez (La Habana, 1936–París, 2005), los trompetistas Adalberto "Trompetica" Lara (La Habana, 1948) y Feliciano "Pachu" Gómez (Jiguaní, 1954), al cantante Onelio Pérez (Júcaro, 1938) y al bongosero Miguel Cruz (La Habana, 1947), todos exiliados de larga vida en Estados Unidos.

En Miami Beach, en febrero de 2001, se inauguró con una velada musical en la que participan Olga Guillot, Renée Barrios, Delia Díaz de Villegas y Luisa María Güell, el piano-bar Old Havana Nights at the National, en el 1677 de Collins Avenue. En Nueva

York, el Teatro Rodante Puertorriqueño estrenó, bajo la dirección de Carmen Rivera, la pieza *La Lupe: mi vida, mi destino*, sobre la vida de esta inigualable cantante cubana, retomada en julio de 2003 por el elenco del teatro Venevisión, para el que la actriz boricua Sully Díaz interpretó el papel de La Lupe con perfecto dominio de la gestualidad y temperamento de la homenajeada. Mientras que el empresario cubano Manuel Mato abrió sus archivos musicales cubanos con centenares de grabaciones realizadas en Miami entre 1960 y 1986, algo que permitió redescubrir títulos de Frank Ascensio y su Banda, la orquesta Suprema, Los Jóvenes del Hierro, Félix Guerrero, Paquito Echevarría y hasta algunos álbumes de rock como *Cuban Rock: música pa' volar*. La casa editorial JWP compró entonces los derechos de explotación de este fondo y comenzó a comercializar esta música casi olvidada entre distribuidores franceses y alemanes. Uno de los álbumes publicados entonces fue *Las Divas cubanas* (Mélodie, Paris, 2000) en donde se escuchan pistas grabadas por Marta Pérez, Ana Margarita Martínez Casado, Zoraida Marrero, Marión Inclán, Gina Martín, Doris de la Torre, Julie Rufina, Marisela Verena, entre otras.

172

Miami siguió entonces acogiendo artistas que huían de la isla. Durante una gira por Estados Unidos trece músicos de la orquesta que dirigía Manolín, el Médico de la Salsa (su nombre es Manuel González Hernández) decidieron no regresar. Manolín regresó a Cuba, y a pesar de la enorme popularidad de la que gozaba entonces, empezó a eclipsarse en la escena nacional hasta que en mayo de 2001 logró volver a Estados Unidos en donde decidió entonces quedarse.

En noviembre de 2002, cuatro músicos del grupo Carlos Manuel y su Clan (Ernesto Álvarez, Joel Figueroa, Renoir Rodríguez Versagi y Byron Ramos) se quedaron en Miami después de una gira por Estados Unidos. Meses después, en mayo de 2003, pidió asilo también el guitarrista y compositor Rey Guerra (Santa Clara, 1958), tras 28 años de carrera artística en Cuba. Y poco después, el director, cantautor y director de orquesta Carlos Manuel Pruneda (La Habana, 1972), ex integrante de los grupos Mayohuacán e Irakere, que gozaba de mucha popularidad entre los jóvenes de la isla con el grupo arriba mencionado, autor de *Malo cantidad* (2001), decidió quedarse en México antes de llegar también a Estados Unidos a través del puesto fronterizo de Brownsville, Texas. En ese entonces afirmó que su decisión se debía al recrudecimiento de la represión y al fusilamiento de los tres jóvenes negros que habían desviado a la lanchita de Regla en abril de 2003. La noticia la ofreció Wilfredo Cancio Isla, en un artículo titulado «Deserta en México cantante cubano», en la edición de *El Nuevo Herald* (7 de junio de 2003) en que Carlos Manuel contó que querían obligarlo a participar en manifestaciones a las que él no deseaba asistir. En 2014 lanzó entonces su nuevo disco *Mi nueva vida*, de baladas de su propia autoría.

Otras orillas

A finales de la década de 1980 las autoridades cubanas flexibilizaron la salida de los nacionales del país. Consciente de los beneficios que una población emigrante podría implicar gracias al envío de divisas y recursos a la familia que quedaba en la isla, el régimen permitió que las personas en posesión de una carta de invitación establecida en las Oficinas de Emigración y Extranjería de La Habana, además de la visa correspondiente, podían viajar fuera del país.

En Francia, por ejemplo, hasta ese entonces, el exilio estaba 173
constituido por una vieja guardia de artistas e intelectuales que había llegado muy a principios de la década de 1960 o mediante gestiones realizadas por algunos gobiernos para la liberación de presos políticos o personas declaradas opositoras al régimen. Formaban parte de éste los pintores y escultores Gina Pellón, Jorge Camacho, Roberto García-York, Guido Llinás, Joaquín Ferrer, Jorge Pérez Castaño, Wifredo Arcay, Ramón Alejandro, Julio Matilla y Agustín Cárdenas, así como los escritores Nivaria Tejera, Severo Sarduy, Eduardo Manet o Juan Arcocha y los arquitectos Ricardo Porro y David Bigelman.

Ya hacia 1993 había suficientes cubanos recién llegados a París como para que un club nocturno míticos como La Coupole, en el barrio de Montparnasse, incluyera en su cartelera semanal los Martes cubanos, en donde tocaban grupos musicales mixtos de antillanos de Guadalupe y Martinica con cubanos como el legendario Oscar López (La Habana, 1918–París, 2004), desde la década de 1950 uno de los intérpretes originarios de la isla que vivía en París o el pianista Alfredo Rodríguez quien había dejado los Estados Unidos en 1986 para establecerse en la capital de Francia.

Asimismo, surgieron a partir de 1995 los llamados «Guateques de Mariíta» que organizaba María Mesa, una cubana que vivía en Francia desde principios de la década de 1960 y en los que era frecuente escuchar al percusionista cubano Puntilla Ríos, hijo de aquel célebre rumbero cubano de los sábados del Central Park de Nueva York. Estos guateques se llevaron a cabo primero en un restaurante colombiano llamado Mi Ranchito que se encontraba en la calle Rodier del distrito ix de la capital francesa (el primero se celebró un 7 de mayo de 1995); luego en un gran almacén en el pasaje Mont-Louis, cerca del cementerio Père-Lachaise, que Mariíta alquilaba para estos fines y, finalmente, en el Cava Cava de Ménilmontant. Aquellos guateques se convirtieron en el punto de reunión en que convergían viejos exiliados y de nuevas generaciones de cubanos que iban llegando a Francia. Comenzaban (como los guateques campesinos de los campos de la isla) los domingos al mediodía y se extendían hasta la medianoche, de modo que cada cual llegaba a la hora que deseaba para almorzar, comer, bailar y socializar, en dependencia del momento escogido. Los guateques terminaron con el fallecimiento de la anfitriona unos años después, siendo el último de ellos el que organizó su propia hija en homenaje y recordación a su madre, Mariane Van Neyenoff (Pearl por su matrimonio), quien había tenido un destino poco usual pues fue la esposa del periodista y corresponsal en Mumbai (India) del *Wall Street Journal* Daniel Pearl, degollado en 2002 por los islamistas en Pakistán, un hecho que la propia Mariane narró en un libro llevado al cine por el director Michael Winterbotton en *A Mighty Heart* con Angelina Jolie en el papel de la joven franco-cubana.

En esa década llegó a París el cantautor Raúl Paz (Pinar del Río, 1969) quien grabó en 1999 el álbum *Cuba Libre* y la cantante Alma Rosa Castellanos que publicó el disco *Chocolate* (Pygmalion, París, 1996). En uno de sus títulos: *La vida sigue*, contaba su vida cotidiana en la que recibía noticias de Cuba mientras bajaba al tendero árabe para comprar pegamento para poder «pegar sus ilusiones». Castellanos actuó también en las películas *Mecánica celeste*, de la directora venezolana Fina Torres y *La buena vida*, de David Trueba.

Pocas personas saben que el detonante por el que, a partir de 1995, el cantante de la vieja trova tradicional santiaguera Compay Segundo logró gran notoriedad pública en toda Europa tuvo una relación directa con los conflictos políticos entre Cuba y Occidente. Resultó ser que, entre el 16 y el 21 de octubre de 1995, la ciudad bretona de Nantes (Francia) había invitado a unos 320 artistas de la isla a participar en un enorme festival llamado Les Allumés de Nantes. El festival era un puente cultural entre esa ciudad portuaria de la costa atlántica francesa y ciudades del mundo con las que había tenido estrechos vínculos comerciales. Nantes y La Habana, durante siglos, tuvieron una relación triangular en el comercio de la trata negrera y parte de la riqueza de la ciudad se debía a aquel tráfico. Tocaba a la edición de 1995 rendir tributo a La Habana y, para ello, se habían organizado decenas de exposiciones de pintura y fotografías, conciertos, encuentros gastronómicos, etc. Pero, los organizadores del festival introdujeron ingenuamente una mesa redonda sobre los derechos humanos en Cuba, un tema que el Ministerio de Cultura y las autoridades cubanas no estaban dispuestos a aceptar. De modo que, cortando por lo sano, el viceministro de Cultura de la isla, Carlos Martí, impidió la salida de los artistas invitados, ocasionando la pérdida de los 10 mil billetes vendidos e impidiéndoles vender los restantes 100 mil con los que el festival pretendía recuperar las inversiones realizadas. Fue entonces que, en aquel desierto en que no había ningún artista cubano, apareció Compay Segundo, quien, por hallarse ya fuera de Cuba en una gira por otros países de Europa, fue el único que pudo llegar al festival. De más está decir que toda la prensa y la televisión francesa y europea que cubría el importante evento se volcó sobre el único sobreviviente de la hecatombe. Una estrella acababa de nacer. Desde ese momento el nombre de Compay Segundo alcanzó tal popularidad en toda Europa que no tardó el proyecto Buena Vista Social Club en captarlo para lo que ya sabemos vino después.

En esa década aparecen también los grupos de rap cubano, un fenómeno completamente nuevo en el panorama musical del país, bajo la influencia del mismo estilo en la cultura urbana anglosajona. Llegan entonces los integrantes del grupo Orishas: Roldán González Rivero (Quivicán, 1971), Liván Núñez Alemán –a quien apodaban El Flaco pro, nacido en La Habana en 1973 y quien ya había colaborado en Francia con Sergent García y su grupo de *ragga-muffin*–, Yotuel R. Manzanares (nacido en La Habana en 1976) e Irán Riverí Medina, Ruzzo (La Habana, 1972). Fue en París en donde se anotaron su primer éxito discográfico con *A lo cubano* (EMI, 1999), un álbum que se convirtió en el primer disco de oro de rap en español tras más de 50 mil copias vendidas. Sus temas abordaban ya la situación en la isla y los problemas sociales, desmarcándose con toda intención de los ritmos bailables tradicionales y mezclando con mucho atino algunos estilos nacionales con el rap, a la vez que cantaban en francés y español, convirtiéndose en los primeros exponentes del «frañol» (equivalente del *spanglish* de Miami) con respecto a la música grabada por latinoamericanos en Francia. A partir de ese momento, el grupo continuó recorriendo el mundo, cantando con los grandes del hip hop y el rap en el mundo entero, recibiendo premios y alguna que otra nominación para un Grammy y cantando, incluso en Cuba, con el beneplácito de Fidel Castro, que los invitó a cenar en 1999 y les dijo que tuvieran cuidado con las letras. El grupo se desintegró en 2009 (aunque ya Liván se había retirado en el 2002, año en que grabaron el disco *Emigrante*).

Los tiempos eran propicios para los ritmos tropicales y se solía lanzar siempre un «tub» del verano (*hit* del verano) que se oía

176 incansablemente en las playas y discotecas de Francia durante la estación estival. Entre estos, el de otro cubano llamado Raudel Polo (La Habana, 1976) ocupó la preferencia de los vacacionistas durante la estación de 2000 con su álbum *El ritmo latino* (Sony).

A México, por ejemplo, llega el cantautor Francisco Céspedes (Santa Clara, 1957), quien obtuvo mucho éxito con su álbum *Vida loca* (del que vendió 100 mil copias tras su comercialización en 1997), seguido del disco *Dónde va la vida*. En sus inicios musicales fuera de la isla, Céspedes promovió la carrera musical del joven cantautor Amaury Gutiérrez (Camajuaní, 1963) tras la llegada de éste también à México en 1993, después de haber sido uno de los integrantes del grupo Afrocuba. Muy implicado en la denunciación del régimen desde que se estableció en Miami en 2003, Gutiérrez cultivó con mucho éxito un tipo de balada pop de la que *Yo sé que es mentira* fue su primer gran éxito. En cuanto a Céspedes, se le ha oído hacer declaraciones de parte y parte, tras su regreso a la isla en 2014 después de dos décadas alejado de los escenarios cubanos. Por su parte, los temas de Gutiérrez han sido cantados por David Bisbal, Luis Fonsi, Paloma San Basilio, Gilberto Santa Rosa, Luis Enrique, entre otros conocidos intérpretes internacionales. En 2011 su disco *Sesiones íntimas* obtiene un Grammy latino como «Mejor álbum de cantautor».

William Navarrete y Lucrecia, agosto 1999

Ya había mencionado al dúo de Gema Corredera (La Habana, 1964) y Pável Urkiza, en la España de la década de 1990, y el excelente trabajo discográfico *Cosa de broma* (Nube negra, Madrid, 1996). Ambos formaron dúo desde la adolescencia y se instalaron en Madrid en 1992 donde pudieron crear un nuevo estilo de música influenciado por los Beatles, la Nueva Trova, Caetano Veloso y Fito Páez. El dúo viajó por toda Europa presentándose en lugares tan disímiles como el Festival de Jazz de Niza (en la Riviera francesa), en la Primavera de Bourges (otro importante festival de Francia), la Ópera de Fráncfort o el Festival de Guitarra de Córdoba, compartiendo escenario con Alejandro Sanz, Gonzalo Rubalcaba o

Ketama, entre otros. Funcionaron hasta 2011 en que Gema decidió radicarse en Miami, a donde también llegó Pável poco después, y desde donde han seguido grabando y presentando su trabajo separadamente en otras latitudes. En 2015, Gema grabó junto al pianista Bobby Carcassés el disco *Feeling Marta*, un homenaje a la cantante de este género Marta Valdés.

En Barcelona se instaló en 1991 la cantante Lucrecia Pérez (La Habana, 1967) en donde grabó los discos *Me debes un beso* (1994), *Prohibido*, *Mis boleros*, *Pronósticos* (1997) y *Cubáname* (1999), título del actor humorístico Alexis Valdés, que conocían como Bandurria por uno de los personajes que lo hizo popular. En *Pronósticos*, incluyó la canción *Un carro, una casa, una buena mujer*, que cuenta las aspiraciones del mulato Rafael, quien vive en Cuba y solo pide eso para no tener que emigrar, pero al no lograrlo, termina como muchos en Miami. En el estribillo de esa misma canción se oye: «*Cochero pare, pare cochero/ si no bajas del caballo matarás a un pueblo entero*». Más de 20 años después, el pueblo y el país están en las mismas. «El Caballo» ya no está, pero las condiciones para la población no han mejorado en nada desde entonces.

Una coda que ya no lo es

En 2004 cuando escribí y publiqué este libro en francés, incluí un subcapítulo titulado Coda, en el que recordaba a personalidades de la música cubana que había conocido a lo largo de mi vida fuera de Cuba y que por diferentes razones no habían quedado mencionadas en el trabajo. Hablaba, por ejemplo, de Luisa Cotilla, a quien llamaban La dama de la trompeta, que vivía desde hacía décadas exiliada en Ámsterdam (Holanda) o de la pianista Numidia Vaillant, perteneciente a una dinastía de grandes músicos santiagueros, establecida en París desde finales de la década de 1950, sin haber regresado nunca a su isla natal hasta que falleció en la capital de Francia en 2015. Ese mismo destino fue el de Celia Cruz, y recordaba su canción *Por si acaso no regreso*, que, como un testamento, grabó en un disco del año 2000, presintiendo que moriría fuera de su querida tierra sin volver a visitarla.

Y terminaba el ensayo diciendo que pensaba en aquel cubano joven, que en ese justo instante acaba de llegar de Cuba a cualquier lugar del mundo con sueños e ilusiones, deseoso de crear libremente y de llevar otro tipo de existencia.

En realidad, desde entonces, han sido muchos los que han llegado y muchos los que han descollado también en el siempre sorprendente universo de la música cubana. Sin contar los que han muerto en el silencio más completo como el pianista Silvio Rodríguez Cárdenas (Banes, 1937–Orlando, Florida, 2009), probablemente el más refinado en el arte del teclado, con una brillante carrera internacional. Tal vez porque se casó con Agustina Castro Ruz la opinión se predispuso, ya que en Cuba ignoraron su muerte (pues había llegado al exilio) y en el exilio también (porque había entrado en esa familia, aunque dos de sus hijos vivieran ya exiliados en Miami tras haber sido reclamados por su tía Juanita Castro Ruz).

También me viene a la mente la cantante Aymée Nuviola Suárez (La Habana, 1973), actriz, compositora y pianista, a la que han llamado La sonera del mundo y que interpretó a la gran Celia Cruz en una telenovela colombiana que llevaba su nombre, además de cerrar la ceremonia del primer festival de los Latinamerican Music Awards con un homenaje a La Guarachera de Cuba en el teatro Dolby de Los Ángeles. Nuviola fundó en Cuba, junto a su hermana Lourdes, un dúo y estudió desde los tres años en el Conservatorio Manuel Saumell de La Habana, con al legendario pianista Frank Fernández. Su estilo, fresco y versátil, le ha permitido actuar en los cinco continentes y colaborar con grandes figuras de la música como Chucho Valdés, Cheo Feliciano, Rubén Blades, Diego el Cigala, Omara Portuondo o la Fania All Stars. En 2016, Tomás Regalado, alcalde de Miami le entregó las llaves de la ciudad y declaró el 14 de octubre como día de la cantante. Cuatro años después, recibió un Grammy en la categoría de Mejor álbum tropical por su disco *A Journey Through Cuban Music*.

También en Miami han tenido mucho éxito el trío Los 3 de La Habana o el trovador José Antonio Quesada Areu quien estudió guitarra clásica en el Conservatorio Amadeo Roldán de la capital cubana, es el autor de la célebre canción «Hoy mi Habana», emigra a Europa en 1994 y se instala en Georgia y poco después en Miami, aunque comparte su vida entre las dos orillas del Atlántico.

En París, Marcel Quillévéré, un musicólogo que ha sido también cantante de ópera, productor de radio, director adjunto de la Ópera de Ginebra y, sobre todo, gran conocedor de la cultura musical hispanoamericana, concibió a partir de 2016 una serie de 80 programas radiales dedicados a la música cubana, tanto culta como popular, bajo el título de «Carrefour des Amériques» (Encrucijada de las Américas), transmitidos en sus inicios por la Radio Suisse Romande en coproducción con France Musique. Las emisiones constituyen un asombroso vivero de la música cubana desde el siglo XIX hasta la década de 1960, con especial hincapié en la edad de oro de esta manifestación, es decir, las décadas de 1940 y 1950. Uno de los programas, por ejemplo, fue dedicado a la ópera inspirada en la novela de Reinaldo Arenas (1943-1990) *Antes que anochezca*, estrenada en la Fort Worth Opera (Texas) en 2010 y cuyo libreto realizó el compositor cubanoamericano Jorge Martín, quien llegó a Estados Unidos siendo niño, a principios de la década de 1960. Para su estreno en Miami, la presentación contó en su elenco con la soprano cubana Elisabeth Caballero, entre otros. En sus programas Quillévéré dedica homenajes a compositores como Orlando Jacinto García (nacido en La Habana en 1954, exiliado en Miami siendo niño en 1961), a Aurelio de la Vega (compositor y musicólogo nacido en La Habana en 1925 y decano de los compositores de música en clásica en el exilio pues vive aún en Northridge, California) o Tania León (nacida en La Habana en 1943, exiliada en Estados Unidos en 1967, directora de orquesta y compositora quien ganó el premio Pulitzer de música en 2021 por su pieza *Stride*).

Entre la reciente generación de cubanoamericanos sobresale el cantante y compositor Armando Christian Pérez, nacido en Miami en 1981, hijo de cubanos y criado en Little Havana. Conocido por el nombre artístico de Pitbull, es uno de los raperos que más éxito ha alcanzado en la última década, llegando a cantar con personalidades del mundo artístico como Jennifer López, Enrique Iglesias, Ricky Martin o Daddy Yankee. Pitbull, que reivindica sus orígenes cubanos, dedicó su segundo álbum, *El Mariel* (2006), a la memoria de su padre. Desde entonces ha vendido millones de discos, participado en la gala de inauguración de la Copa de Fútbol de Brasil (2014) como artista invitado y ha ganado varios premios, entre los que figuran varios Grammy como el de mejor álbum latino 2016 por su disco *Dale*.

Patria y vida

A partir de 2013 tiene lugar una reforma migratoria que permite las repatriaciones de aquellos cubanos que, habiendo emigrado en años anteriores, deseen volver a instalarse en la isla. La medida incluyó también la novedad de que un nacional puede comprar una propiedad en el país y no perderla a condición de no pasar más de dos años sin regresar al país. En 2020, según estimaciones, unos 57 mil cubanos habían establecido una residencia (la mayoría de forma no permanente) en Cuba, algo impensable durante las cinco décadas precedentes.

Con el gobierno de Barack H. Obama todo parecía indicar que las relaciones entre Cuba y Estados Unidos iban a normalizarse. El 20 de julio de 2015 se restablecieron las relaciones diplomáticas entre los dos Estados, rotas desde 1961. La visita del presidente de Estados Unidos a La Habana en marzo de 2016 (la primera de un presidente norteamericano desde la de Calvin Coolidge en enero de 1928) sirvió de impulso para que algunos sectores de la economía nacional, fundamentalmente el turismo y el cuentapropismo, recibieran una bocanada de oxígeno. Pero como sucede a menudo cuando los antagonismos políticos tienen profundas raíces, la política puesta en práctica por la siguiente administración echó un cubo de agua fría a las aspiraciones de acercamiento de unos y avivó las pretensiones de otros de que solo una mano dura podría restablecer la democracia en Cuba.

En un contexto particularmente difícil, generado entre varias razones por la parálisis mundial debido a una pandemia inesperada desde inicios de 2020, la exhausta economía cubana, privada en gran medida de la ayuda venezolana y limitada en los ingresos de divisas, ha colocado al país en la peor crisis de su historia contemporánea.

El 27 de noviembre de ese mismo año el movimiento artístico y social San Isidro (MSI), así llamado por tener su sede en la calle de ese nombre en La Habana Vieja, en casa de uno de sus fundadores, desafió al régimen cubano, cuando el rapero Denis Solís (La Habana, 1988) hizo público mediante su cuenta de Facebook el momento en que se enfrentó a un oficial de la policía para impedirle que allanara su vivienda. El MSI surgió como protesta contra el decreto ministerial

349 de 2018 que penaliza la libertad de creación y establece un control férreo de la actividad artística. Como castigo a Solís por su llamado a través de las redes sociales, se le hizo un juicio expeditivo que le condenó a ocho meses de prisión, algo que despertó la indignación de seis miembros del movimiento mencionado, quienes comenzaron una huelga de hambre en protesta contra aquella violación. Encerrados en la sede del movimiento, 14 integrantes del MSI mantuvieron la protesta hasta que la policía penetró en la vivienda y los desalojó. Como consecuencia de lo sucedido, más de 200 artistas jóvenes se plantaron, al día siguiente, delante de la sede del Ministerio de Cultura de Cuba, en el barrio habanero del Vedado, en solidaridad con el MSI para exigir el fin de la represión en Cuba y la liberación de los arrestados.

A partir de esa fecha, el movimiento contestatario ha ido en crescendo. En abril de 2021 la policía intentó detener en su propio domicilio al rapero Maykel Castillo Pérez, el Osorbo quien, en un acto de rebeldía, logró deshacerse de las esposas, ayudado por sus propios vecinos, y desafiar a las autoridades clamando libertad y pidiéndole a los vecinos allí congregados que corearan junto a él frases contra el régimen y, en particular, contra Miguel Díaz-Canel. Maykel Osorbo ya había sido encarcelado en 2015 por su canción *Por ti señor* en que culpaba a Fidel Castro de todos los males que padecía el pueblo cubano y, desde entonces, acumulaba un rosario de detenciones por razones políticas. En febrero de 2021, junto al artista Luis Manuel Otero Alcántara, también miembro del MSI, logró llegar al Capitolio, burlando la vigilancia a la que eran sometidos, para exigir la renuncia de Alpidio Alonso, ministro de Cultura.

En el momento en que ocurrían estos hechos, una canción titulada *Patria y vida*, lanzada en las redes sociales el 16 de febrero de 2021, se fue convirtiendo poco a poco en himno contestatario para todos los cubanos dentro y fuera de la isla que sueñan con el fin del gobierno y cambios reales. En el *clip*, con imágenes tomadas en Miami y La Habana, cantan Yotuel Romero (el mismo del grupo Orishas ya mencionado anteriormente), Descemer Bueno, Randy Malcolm y Alexander Delgado (raperos del grupo Gente de Zona) desde la Florida, y Maykel, el Osorbo y El Funky desde Cuba. Los directores del vídeo fueron Asiel Babastro y Anyelo Troya.

El tema se convirtió inmediatamente en viral, como se dice en el lenguaje virtual y digital, y tanto en Cuba como el exilio ha ido remplazando aquel lema de «Patria o Muerte» con el que Fidel Castro terminó sus largas y monótonas arengas durante décadas desde la primera vez que utilizó la frase tras la explosión de carguero francés *La Coubre* en el puerto de La Habana el 4 de marzo de 1960. El ex ministro de Cultura y ahora presidente de la Casa de las Américas la calificó de «panfleto musical». En realidad, la canción critica abiertamente la propaganda gubernamental, las celebraciones del 500 aniversario de la fundación de La Habana cuando en realidad en las cazuelas no hay jama (comida), el cambio de Martí y el Che Guevara por divisas, la política turística publicitaria para atraer turistas a Varadero cuando «las madres lloran por sus hijos que se fueron», y pide que no siga corriendo sangre por pensar diferente, y añade que ese gobierno lleva 60 años «trancando el dominó», es decir, obstaculizando cualquier apertura o medida que signifique realmente bienestar para el pueblo. También se menciona a algunos de los líderes del MSI a los que considera la esperanza para quienes piden libertad, cansados de la vieja cantaleta.

El domingo 11 de junio de 2021 fueron difundidas por las redes y noticieros de todo el mundo las imágenes de manifestaciones masivas contra el régimen cubano en diferentes ciudades y pueblos de la isla. Las primeras ocurrieron en San Antonio de los Baños, una localidad de la llanura habanera, no lejos de la capital, en que ni siquiera la presencia del presidente del país pudo calmar la ira de los manifestantes. Se sumaron casi al unísono miles de personas en Palma Soriano, Guantánamo, Santiago de Cuba, Manzanillo, Bayamo, Holguín, Camagüey, Ciego de Ávila, Cienfuegos, Cárdenas, San José de las Lajas, Bauta, Güines, Alquízar, Regla, Arroyo Naranjo, Güira de Melena, hasta llegar a más de 50 localidades, sin olvidar varios puntos de La Habana, como el Capitolio y el Malecón, en donde fueron realmente masivas.

La primera medida que adoptó el gobierno, independientemente de la esperada represión, fue cortar el acceso de Internet a los usuarios de la isla para que no pudieran comunicarse internamente ni con el exterior. En el momento en que termino la versión en español de este libro muchas personas permanecen encarceladas y otras continúan desaparecidas. Fuera del país, en muchas ciudades de

Europa y América, miles de cubanos también salieron a manifestar (en ocasiones con protestas multitudinarias como las de Madrid, Washington, Miami, Milán o París) en apoyo a los que en la isla se atrevieron, por primera vez, a desafiar masivamente al régimen.

He sido testigo de no pocas manifestaciones organizadas por exiliados cubanos en París, la ciudad en la que vivo desde hace 30 años, y esta vez pude constatar que las protestas posteriores al 11 de junio congregaron a miles de cubanos que hasta la fecha se mantenían al margen de los temas políticos, a veces por temor a que se les denegara el permiso de entrada al país o a que las autoridades tomaran represalias contra los allegados que dejaron atrás. Este cambio en la composición de los movimientos contestatarios e, incluso, entre los propios artistas (muchos de los que encabezan las protestas se consideran, y lo dicen sin tapujos, provenientes de medios marginales), es absolutamente inédito en el panorama de las reivindicaciones de los cubanos del exilio en contra del gobierno.

Curiosamente, en todas estas protestas o en las acciones a título individual, *Patria y vida* ha sido un *leitmotiv* que se repite constantemente. Lo mismo se canta la canción del principio al fin que se utiliza el título como consigna para clamar libertad.

Al calor de estos acontecimientos Willy Chirino y el actor Alexis Valdés estrenaron en marzo de 2021 *Yo soy cubano*, un tema que celebra la diáspora cubana y en el que también interviene el trompetista Arturo Sandoval. Los tres artistas ya habían denunciado ante el Parlamento Europeo, el 26 de febrero de ese mismo año, la situación represiva en la isla acompañados por la vicepresidenta de la Eurocámara Dita Charanzová.

Hoy en día, en todas las latitudes del orbe, hay artistas cubanos que, entre tradición e innovación, llevan consigo la música cubana en los lugares en que se presentan. Erik Iglesias Rodríguez, pinareño de 32 años fundó su grupo Cimafunk recientemente gracias a las economías que reunió durante una temporada en que trabajó en París con el grupo Los Boys. Con un estilo que no se parece a nada de lo que se ha hecho hasta ahora en el universo musical cubano, lanzó *Me voy* que sedujo inmediatamente al público tanto por la mezcla de jazz y funk como por su estilo vestimentario. Cuando ocurrieron las manifestaciones en la isla, el artista se pronunció en contra de la represión, como lo había hecho ya contra el decreto

349 en 2018. «Cuando hay violencia contra la gente, me rebelo», anunció a través de su cuenta Twitter. Este tipo de reacciones, de parte de artistas que mantienen a su familia en la isla y la visitan con frecuencia es totalmente novedoso. Algo se ha roto en el «contrato» tácito que existía entre los músicos y la oficialidad. La nueva generación no se siente deudora del Estado. En el ámbito musical una nueva era ha comenzado.

ACERCA DEL AUTOR

William Navarrete (Cuba, 1968)

Reside entre París y Niza desde hace tres décadas. Estudió historia del arte en la Universidad de La Habana y Letras en la Universidad de La Sorbona (París IV). Es colaborador del diario *El Nuevo Herald* desde 1999, fue profesor, curador de arte en Francia, conferencista y ha organizado numerosos eventos culturales en Europa y América Latina. Es traductor para organizaciones internacionales de las Naciones Unidas y ha sido editor de El Correo de la Unesco. Ha publicado más de 20 libros (novela, cuento, ensayo, poesía, entre otros géneros) y obtenido diversos premios por su labor. En francés ha escrito dos volúmenes sobre música cubana, dos diccionarios insólitos sobre Cuba y La Florida, dos libros de relatos (*Pour l'amour de Nice* y *Divine Italie*) y dos de cuentos (*La canopea del Louvre* y *Le tour du monde en 80 saveurs*). Sus tres novelas son: *La gema de Cubagua*, *Fugas* y *Deja que se muera España*, las dos últimas en Tusquets. Muchas de sus obras han sido traducidas al francés, italiano y alemán. Obtuvo la beca del Centro Nacional del Libro en Francia, el premio Eugenio Florit de poesía, entre otros premios y distinciones.

Otros libros del autor

Novelas

➤ *Deja que se muera España* (Ed. Tusquets, 2017) / Vidalina (Ed. Emmanuelle Collas, París, 2020, trad. francés)

➤ *Fugas* (Ed. Tusquets, 2014) / En fugue (Ed. Stock, París, 2015, trad. francés)

➤ *La gema de Cubagua* (Ed. Legua, Madrid, 2011) / La danse des millions (Ed. Stock, París, 2013, trad. francés)

Cuentos y relatos

➤ *Le tour du monde en 80 saveurs* (Ed. Emmanuelle Collas, París, 2020, en francés) (con Pierre Bignami)

➤ *Divine Italie* (Ed. Magellan, París, 2020, en francés)

➤ *Nouvelles de Cuba* (cuento Bailar con el enemigo / Ed. Magellan, París, 2016, en francés)

➤ *Pour l'amour de Nice* (Ed. Magellan, París, 2017, en francés)

➤ *La canopée du Louvre* (Ed. Aduana Vieja, Valencia, 2007, bilingüe francés-español) (con Regina Ávila)

Poesías

➤ *Lueurs voilées du Sud* (Ed. Oxybia, Grasse, 2018, en francés)

➤ *Animal en vilo* (Ed. Universidad Autónoma de Nuevo León, Monterrey, México, 2016)

➤ *Lumbres veladas del Sur* (Ed. Aduana Vieja, Valencia, 2008)

➤ *Canti ai piedi dell'Atlante* (Ed. Coen Tanugi, Gorgonzola, Italia, 2006, en italiano)

➤ *Edad de miedo al frío* (Ed. Aduana Vieja, Cádiz, 2005) (Premio Eugenio Florit) / *Eta di paura el freddo* (Ed. Il Foglio, Piombino, Toscana, Italia, 2005, en italiano)

➤ *Ínsulas al pairo* (Ed. Aduana Vieja, Cádiz, 2004)

Ensayos y otros

➤ *Dictionnaire insolite de la Floride* (Ed. Cosmopole, París, 2017, en francés / diccionario)

➢ *Genealogía cubana. San Isidoro de Holguín* (Ed. Aduana Vieja, Valencia, 2016) (con María Dolores Espino)

➢ *Dictionnaire insolite de Cuba* (Ed. Cosmopole, París, 2014, en francés / diccionario)

➢ *Catalejo en lontananza* (Ed. Aduana Vieja, Cádiz, 2006, recopilación de artículos de prensa)

➢ *Cuba: la musique en exil* (Ed. L'Harmattan, París, 2004, en francés)

➢ *La chanson cubaine: textes et contexte* (Ed. L'Harmattan, París, 2000, en francés)

Antologías

➢ *Aldabonazo en Trocadero 162* (Ed. Aduana Vieja, Valencia, 2008, homenaje a José Lezama Lima)

➢ *Visión crítica de Humberto Calzada* (Ed. Aduana Vieja, Valencia, 2008, monografía crítica)

➢ *Visión crítica de Gina Pellón* (Ed. Aduana Vieja, Valencia, 2007, monografía crítica)

➢ *Versi tra le sbarre* (Ed. Il Foglio, Piombino, Toscana, Italia, 2006, antología poetas cubanos presos)

➢ *Centenario de la República Cubana* (Ed. Universal, Miami, 2002)

Otros títulos de la editorial

«(...) Elena Burke llevaba la canción más allá del mero límite de tónica-dominante-tónica en que se había mantenido durante decenios, introduciendo acordes inusitados en la música popular cubana... ».

Guillermo Cabrera Infante

«Elena Burke descubre con su voz lo que hay en su interior. Por eso por donde pasa deja huella y deja huella porque sus interpretaciones consiguen imponer en el escucha el texto, la melodía y el ritmo de las canciones».

Gabriel García Márquez

«Ella, cuando aún yo no tenía una personalidad definida como intérprete —ni siquiera como compositor— cantaba mis canciones; ella se me adelantó, creyó en mí desde el principio, popularizó "Para vivir", "Mis veintidós años" "Ya ves", lo cual le agradezco infinitamente».

Pablo Milanés

«Elena Burke para mí, la mejor cantante de boleros que hemos tenido en Cuba. Primero su voz, una voz que llena mucho, tiene una voz de potencia, es una gente muy sensible como músico intérprete extraordinaria..., pero Elena nunca, pero nunca tendrá sustituta, es insustituible... »

Omara Portuondo

«Yo pienso que Elena Burke es una de las cantantes más grandes que ha dado el mundo... ».

Meme Solís

«La veo como varias Elenas en una, Elena el ícono, Elena mi abuela, Elena la inspiración y eterna pasajera».

Lena Burke

Zenovio Hernández Pavón

ELENA BURKE
LA SEÑORA SENTIMIENTO

Un día, el novelista cubano Guillermo Cabrera Infante le pidió a Rolando Laserie, compañero suyo en el exilio y su amigo personal, que le escribiera unas memorias sobre su vida. Realmente no sabemos que pretendía, si hacer una novela, una biografía o un cuento, pero el mero hecho de que se haya interesado en el músico Laserie, demuestra la admiración y respeto que siente hacia su coterráneo. Entonces el «viejo Laserie» lleno de nostalgia, música y recuerdos, disciplinadamente pone en papel su historia y gracias a ello, hoy contamos en este libro con confesiones suyas sobre músicos como El Benny Moré, Ernesto Duarte, Agustín Lara, Lola Flores, Álvarez Guedes, Olga y Tony, y Celia Cruz, entre otros.

Distingue este apasionante libro un testimonio fotográfico de un valor incalculable que fue celosamente guardado, primero por la esposa de Rolando, Tita y después por la sobrina-hija, Giselita, que lo puso en manos de este autor como un regalo para la cultura cubana y latinoamericana.

Lázaro Caballero, ha sabido mezclar la voz de Laserie a su propia voz como narrador, con respeto, sin altanería ni exhibicionismo de intelectual de pose, es un cubano amante de la música, el que cuenta una historia donde se pone en primer lugar el amor a la patria, a la pareja, a la amistad, un amor que derriba la discriminación racial y la distancia. Es un homenaje, en la figura de Rolando, a esos artistas que un día abandonaron la isla y expandieron su cubanía más allá del suelo que los vio nacer. En cuanto a Cabrera Infante, mencionó en su obra en más de una ocasión a Rolando Laserie, así recuerda cuando lo conoció en 1958: «Cantando, él era muy grande, en segundo lugar, después de Benny Moré»

¡DE PELÍCULA!

ROLANDO LASERIE

LÁZARO CABALLERO ARANZOLA

Top cover

El autor nos entrega una semblanza biográfica de este singular hombre en un libro donde podremos hallar esencialmente, en cuerpo y espíritu, los derroteros de un músico popular excepcional.

Faustino Oramas, El Guayabero, suma la picardía al decir de la trova. Picardía que no es sinónimo de bajeza o fraudulencia sino audacia e inteligencia para sacar el mejor provecho de situaciones adversas. Hay que decir que pocos autores de la música popular han tenido, como Faustino Oramas, la facilidad de recursos, la gracia y la imaginación para el manejo de situaciones peliagudas con lenguaje simple pero debidamente escogido de modo que provoque la chispa de humor sin grosería.

~ ~ ~ ~ ~ ~ ~ ~ ~ ~ ~ ~ ~ ~ ~ ~ ~ ~ ~

«Casi nadie lo conoce por su verdadero nombre. Sin embargo, cuando se habla de El Guayabero viene a la mente de todos los cubanos su peculiar estampa y el criollísimo humor de sus canciones.

Faustino Oramas es por ello, tal vez, el último representante de aquella generación de soneros que vivieron de la música y para la música, y supieron transmitir a su obra la idiosincrasia del cubano, que siempre se reconoce en las canciones de este juglar oriental».

Leonardo Padura

«El Guayabero es un genio popular cuyas características, muy especiales dentro de la música con humor, no pueden clasificarse en una tendencia determinada. Creo que, desgraciadamente, no habrá otro como él».

Pablo Milanés

«Él es un tresero popular de tumbaos, que utiliza un diseño melódico rítmico muy reiterado, en cuya célula más elemental radica el sabor cubano».

Pancho Amat

Spine: FAUSTINO ORAMAS, EL GUAYABERO — Zenovio Hernández Pavón

Front: Zenovio Hernández Pavón
FAUSTINO ORAMAS
EL GUAYABERO
REY DEL DOBLE SENTIDO

UNOSOTROS

9 781950 424245

Bottom cover

Los más importantes estudiosos de la música cubana incluyen la guaracha dentro del complejo del son, pero no se debe perder de vista que la guaracha brinda una importante contribución a la gestación del son como género en sí, como también a otras expresiones de la cultura en nuestro continente, por eso en otras naciones es tan apreciado el legado del rey de la guaracha o, el guarachero de Cuba, como muchos denominan a ese santiaguero recoyo que fue Ñico Saquito.

Benito Antonio Fernández Ortiz, Ñico Saquito, fue uno de los más notables artífices de la trova del son o trova intermedia, que para suerte de quienes gustan de la música con humor, se transformaría en un estilo o tendencia aún vigente y con magníficos cultores, aunque no tanto como en aquel período esplendoroso que a partir de la década de 1920 iniciaran Miguel Matamoros. Tenemos la satisfacción de que este libro llegue a los lectores interesados en conocer un poco más de las peripecias y satisfacciones de la vida de ese trovador singular, así como de su obra profusa y trascendente que no se limita a la guaracha, pues dejó un rico catálogo que esperamos en el futuro sea objeto de estudio de musicólogos y otros especialistas como amerita su valía y el lugar privilegiado que en la historia musical cubana ganara su creador.

Poco a poco se fue gestando este libro en binomio, por el escritor e investigador Zenovio Hernández Pavón y Alejandro Fernández Ávila, nieto del compositor. Reseña biográfica, selección de textos de canciones, testimonios gráficos, publicaciones periódicas, entrevistas y otros materiales anexos, es lo que el lector encontrará del autor de «María Cristina», «Cuidado, compay gallo», «Al vaivén de mi carreta» entre las cerca de seiscientas composiciones del guarachero.

UNOSOTROS

9 781950 424207

Spine: ÑICO SAQUITO, EL GUARACHERO DE CUBA

Front:
ÑICO SAQUITO
EL GUARACHERO DE CUBA

ZENOVIO HERNÁNDEZ PAVÓN / ALEJANDRO FERNÁNDEZ ÁVILA

Book Cover 1

Back Cover

YO SOY EL CHACHACHÁ. **ORQUESTA AMÉRICA**
NINÓN MONDÉJAR

La orquesta América y el ritmo chachachá constituyó un fenómeno musical sobresaliente del siglo pasado de Cuba, así de exitoso hoy el mundo sigue disfrutando del sin igual baile, pero si es grande su historia, ha sido de igual disputada la paternidad de su creación. Muchos la atribuyen a Enrique Jorrín Aleaga y otros a Ninón Mondéjar. Esta controversia persiste hoy en día en la historia de la música popular cubana, pero en su momento también derivó en la irreparable y definitiva ruptura entre Ninón Mondéjar y Enrique Jorrín: La guerra del chachachá.

Ricardo Oropesa en este libro realiza una valoración integral del surgimiento y desarrollo del chachachá a partir de conformar la historia de la Orquesta América reseñada con testimonios de músicos, notas de prensa, registros de canciones, otros documentos y fotografías inéditas del archivo personal de Ninón.

El cometido de esta investigación —por más de veinte años—, no pretende ser una biografía de la Orquesta América ni de su líder, sino un intento por explorar la trayectoria de esta agrupación desde su fundación en 1942 hasta 1974 en que Mondéjar se retira de la vida artística. No se puede hablar del chachachá sin hablar del creador del género: Ninón Mondéjar.

El lector tiene por primera vez en sus números de argumentos para llegar a una conclusión de esa vieja polémica: ¿Quién fue el creador del chachachá?

Front Cover

Ricardo R. Oropesa

YO SOY El **CHACHACHÁ**
ORQUESTA AMÉRICA DE
NINÓN MONDÉJAR

Spine

YO SOY EL CHACHACHÁ   **ORQUESTA AMÉRICA**   RICARDO R. OROPESA

Book Cover 2

Back Cover

ORQUESTA ARAGÓN

Es curioso que en el ámbito de la música universal se publique menos biografías de orquestas, que de cantantes, tanto del género popular, como del clásico.

Cuando recibí la reciente biografía sobre la orquesta Aragón, del destacado investigador y escritor cubano Gaspar Marrero, sentí gran sorpresa, pues ya esta agrupación había sido objeto de un trabajo investigativo del propio Marrero...

La diferencia entre este y los anteriores trabajos sobre el grupo, radica en el riguroso detalle con que el autor analiza el aporte individual de todos sus integrantes, desde un recuento pormenorizado de la hoja musical de cada uno de los fundadores y su historial; las características de los músicos en el uso del instrumento de que se trate, hasta el mínimo dato referente a cantantes y directores. Con igual enumeración se describe sus viajes; sus grabaciones, que son muchos los cambios de personal, que lógicamente en un período tan extenso son frecuentes.

Existe la posibilidad, de que Estados Unidos sea el país que reúna mayor número de grupos musicales con grabaciones realizadas, pero muy pocos de ellos han sido biografiados, y ninguno con la puntualidad de Marrero. No creo que exista, en lengua española, otra publicación tan voluminosa ni con tan importante contenido, dedicada a la biografía de un grupo musical determinado.

Por supuesto, es un libro indispensable para cualquier lector que quiera saber a fondo sobre la música cubana.

Cristóbal Díaz Ayala

Front Cover

LA REINA DE LAS CHARANGAS

ORQUESTA ARAGÓN

NUEVA EDICIÓN AMPLIADA

GASPAR MARRERO

Spine

LA REINA DE LAS CHARANGAS   **ORQUESTA ARAGÓN**   GASPAR MARRERO

Book 1

HISTORIA IMPRESCINDIBLE
DE LA MÚSICA

El presente libro es un fascinante e insólito relato de los grandes acontecimientos que tuvieron una importancia fundamental en la evolución de la música. El autor, con un lenguaje accesible para cualquier público, repasa la historia y los aportes de algunos países en los diversos géneros musicales, así mismo nos habla de tonalidad y oído absoluto, instrumentos, artistas, compositores, música clásica, ópera, rock, jazz, teatro musical, big bands, rock and roll, bolero, salsa, reggae, etcétera.

La música nace con el hombre y lo acompaña hasta la muerte. No puede concebirse un mundo sin música. Nietzsche lo expresó con una sola frase: «Sin música la vida sería un error». Disfrutar de la música, en general, o entender la que escuchamos cada día, requiere conocer y entender cómo y por qué ha evolucionado a lo largo del tiempo. Esta obra no es un ensayo crítico y profundo, es un libro ilustrado que se disfruta, que nos invita a visibilizar nombres, hechos y circunstancias para comprender por qué amamos la música. El propio autor nos aclara: «... la música que nos pertenece a todos, no necesita demasiadas palabras ni un exceso de detalles académicos para gozarla y amarla. Y así, sin demasiadas palabras ni detalles académicos, pero partiendo del gozo y el amor por la música, escribimos este libro».

HISTORIA IMPRESCINDIBLE DE LA MÚSICA — FÉLIX J. FOJO

HISTORIA IMPRESCINDIBLE
DE LA MÚSICA

FÉLIX J. FOJO

DESDE SUS ORÍGENES HASTA EL REGGAETÓN

Book 2

Es un libro mayor que va a sentar una pauta, un modelo a seguir, porque es un libro de etno-historia, un estudio de caso que se inserta dentro de la etno-historia musicológica.

MIGUEL BARNET

El más completo trabajo publicado sobre Chano Pozo hasta la fecha.

CRISTÓBAL DÍAZ AYALA

Libro singular si los hay, donde la autora da muestras de conocimiento, paciencia y pasión que la llevaron a hurgar en las más disímiles fuentes documentales: biografías, autobiografías, prensa, entrevistas a músicos o amigos que lo conocieron y su discografía -hasta hoy en esplavado-, le han permitido situar las actuaciones de Chano en Cuba, Estados Unidos y Europa, hecho este último que no había sido estudiado hasta ahora.

RADAMÉS GIRO

Este es un libro de esos que cuando uno llega al final y cierra la tapa, tiene que reflexionar un instante para esbozar una sonrisa de satisfacción, esa sonrisa que brota cuando uno se dice: acabo de leer una obra excelente.

TONY PINELLI

Esta obra debía ser lectura obligada para todos aquellos que de alguna forma se inclinan hacia ese género musical que hoy llamamos Jazz Latino o Latin Jazz.

PAQUITO D'RIVERA

Siempre tuve temor a que perdiéramos la memoria histórica de nuestra cultura musical, tan importante para todos y que las nuevas generaciones desconocieran a las figuras que hicieron posible el desarrollo de nuestro presente musical, de ahí la importancia de obras como esta.

CHUCHO VALDÉS

CHANO POZO. LA VIDA — ROSA MARQUETTI TORRES

ROSA MARQUETTI TORRES

CHANO POZO
LA VIDA (1915 - 1948)

PASIÓN DE RUMBERO

María del Carmen Mestas

PASIÓN DE RUMBERO

DE RUMBERO

Entrevistas, anécdotas, crónicas, testimonios, reseñas y fichas con datos de rumberos

María del Carmen Mestas

UNOSOTROS

Míster Babalú

Dulce Sotolongo Carrington

Dulce Sotolongo Carrington

MÍSTER BABALÚ

UNOSOTROS

Primera cubierta

KABIOSILES
LOS MÚSICOS DE CUBA

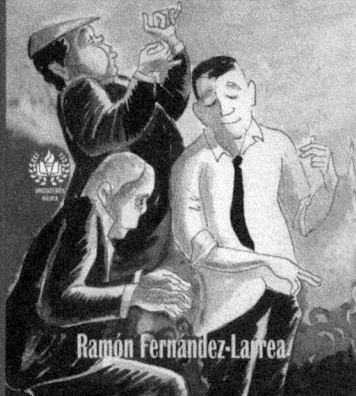

Ramón Fernández-Larrea

Segunda cubierta

María Matienzo Puerto

ORQUESTA
Hermanos Castro

LA ESCUELITA

Cover 1 — El Niño con su tres

El Niño con su tres

Rosa Marquetti Torres

Andrés Echevarría Callava, Niño Rivera
El Niño con su tres
Rosa Marquetti Torres

Cover 2 — Clavelito

CLAVELITO
EL HOMBRE DETRÁS DEL MITO
NARCISO RAMÓN ALFONSO GÓMEZ

NARCISO RAMÓN ALFONSO GÓMEZ
CLAVELITO
EL HOMBRE DETRÁS DEL MITO

UNOSOTROS MÚSICA

www.unosotrosediciones.com

infoeditorialunosotros@gmail.com

UnosOtrosEdiciones

Siguenos en Facebook, Twitter e Instagram:

www.unosotrosediciones.com

www.ingramcontent.com/pod-product-compliance
Lightning Source LLC
Chambersburg PA
CBHW031159270326
41931CB00006B/339